套利动机下矿产资源型国有企业对外直接投资决策研究

薛琰如　著

中国经济出版社
CHINA ECONOMIC PUBLISHING HOUSE

北京

图书在版编目（CIP）数据

套利动机下矿产资源型国有企业对外直接投资决策研究／薛琰如著. --北京：中国经济出版社，2020. 8
ISBN 978-7-5136-6251-2

Ⅰ. ①套… Ⅱ. ①薛… Ⅲ. ①矿产资源-国有企业-对外投资-直接投资-研究-中国 Ⅳ. ①F426. 1

中国版本图书馆 CIP 数据核字（2020）第 128992 号

责任编辑 耿 园
责任印制 巢新强
封面设计 华子图文

出版发行 中国经济出版社
印 刷 者 北京九州迅驰传媒文化有限公司
经 销 者 各地新华书店
开　　本 710mm×1000mm 1/16
印　　张 15. 75
字　　数 163 千字
版　　次 2020 年 8 月第 1 版
印　　次 2020 年 8 月第 1 次
定　　价 68. 00 元
广告经营许可证 京西工商广字第 8179 号

中国经济出版社 网址 www. economyph. com 社址 北京市东城区安定门外大街 58 号 邮编 100011

本版图书如存在印装质量问题，请与本社销售中心联系调换（联系电话：010-57512564）

特别声明

本书由河南科技大学博士科研启动金、河南省哲学社科规划项目“河南企业‘一带一路’价值链产能合作机制、风险与路径研究”（2019CJJ076）资助出版。

前　言

矿产资源直接关系到一个国家的生产和发展，其重要性不言而喻。国内矿产资源供需矛盾日益尖锐，使矿产资源全球化布局成为必然。在“走出去”战略的大力推动下，中国企业在全球谋求优化资源配置的步伐不断加快，采矿业也一直是中国对外直接投资的重要领域之一。“一带一路”倡议的提出，更为中国企业对外投资带来了新的机遇，为其利用地缘优势进行矿产资源的全球化布局提供了广阔的空间。矿产资源型国有企业作为中国对外直接投资的主力，为确保国家战略资源安全需要，平抑国内价格波动作出了重要贡献。其对外投资的实践和探索也为中国企业“走出去”提供了宝贵的经验教训。

近年来，矿产资源型国有企业对外直接投资中存在一些问题，对外投资亏损或失败的现象频繁发生。从投资类型上看，投资品种集中在石油、铁、铝资源，而后两者在国内均存在不同程度的产能过剩；另外，就某个矿扎堆竞争现象普遍，增加了中国企业的内部竞争，影响投资效率。从时间上看，金融危机后的投资集中度高，一味追求危机下的企业价值低估机会，却忽略自身能力以及所投资企业的价值和增长潜力，将会造成资产负债不匹配、引发流动性风险。从空间上看，在发达国家投资的集中度高，易引起民族主义抬头、政治警惕加大等问题，同时使资产暴露在东道国汇率波动的风险敞口中。

矿产资源型国有企业过度暴露在一些风险敞口中，显然已不仅仅是实体经济放缓和资本市场波动的原因。本书认为矿产资源的金融属性以及国有企业所有制性质的存在导致矿产资源型国有企业形成一种特有的“套利动机”，是其对外直接投资的重要内部动因，并影响了投资决策的形成。其在为企业创造获利空间的同时也成为形成以上问题的重要原因之一。因此，本书将“套利动机”作为一个中性概念引入企业对外投资决策中，着重对套利动机的形成机理、作用机制，以及套利动机下矿产资源型国有企业对外直接投资决策机制进行研究。

第一，本书通过对矿产资源型国有企业对外直接投资现状及问题的分析，探寻其投资特征及规律。在此基础上，分析套利动机的形成过程及作用机理，并提出制度套利、期限套利和市场套利三种形式的套利动机。同时，发现这三种套利动机分别通过影响投资成本不确定性、投资项目价值不确定性以及投资标的初始价值不确定性而影响投资决策，并基于此对衡量套利动机的指标进行筛选。

第二，本书基于实物期权理论，以不确定条件下的投资决策模型为基础模型，加入套利不确定性，构建套利动机推动下的多因素不确定性投资决策模型，研判套利动机下矿产资源型国有企业对外投资决策的规律及优化。结果表明：三种套利的存在均会加速对外投资。同时，由于套利动机的存在，即使项目未来潜在的经济价值小于投资成本，投资也有可能发生。在项目投资可能还不成熟的情况下，三种套利动机的存在也会推动投资的加速进行。

第三，建立矿产资源型国有企业套利动机对其对外投资决策影响的实证研究框架，并对模型未推导部分进行补充验证。基于中国矿产资源型国有企业 2001—2014 年对外直接投资项目数据，本书研究发现三种套利动机对投资决策均产生影响，对企业对外投资起到促进作用；而三种套利动机同时存在时，其对投资决策影响程度由高到低依次为制度套利、市场套利和期限套利。进一步研究套利动机对投资区位决策产生的影响，发现套利动机明显改变了矿产资源型国有企业寻求资源的初衷，投资倾向于市场进入成本高、监管质量低的国家或地区，这一倾向在金融危机后更为明显。

第四，对矿产资源型国有企业对外直接投资区域集聚性的原因进一步进行探析。从生态学演化角度将投资决策过程看作不同信息竞争的过程。在 Lotka-Volterra 模型基础上构建对外投资区域选择模型，刻画主观信息影响下投资区域选择模仿对海外投资量及区域分布的影响，并进行仿真模拟研究。结果表明区域选择平衡量与信息替代系数（信息竞争力）密切相关，且与区域投资容纳量正相关；而到达平衡状态的时间与信息自然扩散率相关。同时，研究发现主观信息下模仿行为的存在，对投资区域分布结构产生影响，会造成某一区域的投资集聚，并引发更多投资，促使投资总规模超出区域投资容纳量，加剧中国企业之间的竞争。

第五，为使矿产资源型国有企业更好地利用自身优势获取收益，规避套利动机下可能出现的投资决策短视、低估风险以及自利动机等问题造成的投资低效和海外国有资产流失，本书给出了针对不同套利动机的监管、引导及审查机制等相关建议。

对套利动机下矿产资源型国有企业对外直接投资决策问题的研究丰富了中国对外投资理论体系；对规避企业非效率投资行为，有效把握“一带一路”建设新机遇，规范、引导和监管企业对外投资有着重要的理论与现实意义；同时，为宏观政策制定找出微观基础层面的原因，对改善外汇服务实体体制、确保国有资产保值增值有着重要意义。

目　录

第 1 章　绪　论 …… 1

1.1　研究背景与意义 …… 1

1.2　研究内容 …… 7

1.3　研究方法 …… 10

1.4　研究思路与技术路线 …… 13

1.5　本书创新 …… 15

第 2 章　套利动机下对外直接投资理论基础与文献综述 …… 17

2.1　相关概念界定 …… 17

2.2　相关理论基础与文献综述 …… 21

2.3　本章小结 …… 45

第 3 章　中国矿产资源型企业对外直接投资现状及问题分析 …… 47

3.1　中国矿产资源现状概述 …… 47

3.2　中国矿产资源型企业对外直接投资发展历程 …… 50

3.3　中国矿产资源型企业对外直接投资规律与特征 …… 57

3.4　中国矿产资源型国有企业对外直接投资特性分析 …… 73

3.5　矿产资源型国有企业对外直接投资存在问题及分析 …… 80
3.6　本章小结 …… 86
第 4 章　中国矿产资源型国有企业对外直接投资套利动机框架及模型分析 …… 88
4.1　套利形成条件 …… 88
4.2　中国矿产资源型国有企业套利动机分析 …… 91
4.3　不确定条件下投资决策模型 …… 99
4.4　套利动机下不确定性投资决策模型分析 …… 111
4.5　本章小结 …… 114
第 5 章　套利动机下中国矿产资源型国有企业对外直接投资决策模型构建 …… 116
5.1　制度套利动机下矿产资源型国有企业对外直接投资决策模型 …… 116
5.2　期限套利动机下矿产资源型国有企业对外直接投资决策模型 …… 123
5.3　市场套利动机下矿产资源型国有企业对外直接投资决策模型 …… 128
5.4　本章小结 …… 137
第 6 章　套利动机下中国矿产资源型国有企业对外直接投资决策实证研究 …… 138
6.1　样本选取与数据说明 …… 138
6.2　套利动机对矿产资源型国有企业对外直接投资决策的影响 …… 140

6.3 套利动机对矿产资源型国有企业对外直接投资区位决策的影响 …… 151
6.4 本章小结 …… 169
第7章 套利动机下中国矿产资源型国有企业对外直接投资行为分析 …… 171
7.1 投资区域选择演化机理 …… 175
7.2 不同信息环境下对外投资区域选择模型构建 …… 178
7.3 主、客观信息竞争下区域选择模型仿真模拟 …… 183
7.4 本章小结 …… 191
第8章 套利动机下中国矿产资源型国有企业对外直接投资决策的监管对策 …… 193
8.1 制度套利监管机制 …… 194
8.2 期限套利引导机制 …… 199
8.3 市场套利审查机制 …… 201
第9章 结 论 …… 205
9.1 基本结论 …… 205
9.2 不足之处 …… 208
9.3 研究展望 …… 209

参考文献 …… 211
附录一 …… 229
附录二 …… 236
后 记 …… 237

第1章 绪 论

1.1 研究背景与意义

矿产资源为国民经济、百姓日常生活、国防工业、尖端技术和高科技产业等提供了必不可少的基础材料和重要战略物资，直接关系到一个国家的生产和发展，其重要性不言而喻。自20世纪90年代以来，中国工业化的步伐加快，经济进入快速增长阶段，矿产资源的消费增速接近或超过国民经济的发展速度，供需矛盾日益尖锐。当前，在经济发展新常态格局下，尽管经济增速放缓，但能源、资源的消耗仍然是一个突出的问题。与我国巨大的需求相比，国内目前探明的主要矿产储量严重不足，对我国经济社会的保障程度正呈现出下降趋势。同时，矿产资源在地理上分布的不均匀性和经济全球化的发展趋势，决定了矿产资源配置的全球化是不可避免的（申现杰等，2014）。

“走出去”战略提出以来，中国对外直接投资步伐不断加快，投资量不断攀升。到2014年年底，中国非金融类对外直接投资流量达 1028.9 亿美元，同比增长 14.1%。[①] 而矿产资源也一直是中国对外直接投资的主要领域之一，其投资存量不断攀升，流量也基本呈上升趋势，截至 2013 年年底，采矿业投资存量超过 1000 亿美元，而其当年投资流量达到 248.08 亿美元，占总投资流量的 23%，在所有行业中排名第二，在实体经济中排名第一。[②] 近年来，国有企业发起的投资在非金融类对外直接投资存量中占比均超过 60%，矿产资源型国有企业作为中国对外直接投资的主力，在确保国家战略性资源安全以及稳定国内资源价格上都作出了重要贡献。

同时，鉴于矿产资源的稀缺性、不可再生性及重大战略意义，各国对全球优质矿产资源的抢占与竞争十分激烈。目前，全球矿产资源的竞争逐渐呈现常态化趋势，大国纷纷通过资源外交实现全球资源能源布局，且主要发达国家和大型跨国矿业公司已经控制了全球大部分的战略性矿产资源（世界前十大矿业公司控制了西方国家一半以上的铁、铜、金、锌矿产量），而很多资源输出国也不同程度地通过立法等措施提高资源合作的门槛（荣冬梅等，2015）。我国“走出去”战略虽然已初见成效，但主要大国在矿产资源的国际竞争中已经占据先发优势，中国企业只能在资源大国博弈的中场进入，处于弱势地位。2013 年，中国国家主席习近平提出建设“丝绸之路经济带”和“21 世纪海上丝绸之路”（“一带一路”）的倡议，为矿产资源的全球化布局带来了

① 资料来源：国家商务部网站（https://fec.mofcom.gov.cn/article/tjsj/ydjm/）。

② 资料来源：《2013 年度中国对外投资统计公报》。

新的机遇。“一带一路”沿线很多国家和地区的矿产资源潜力巨大，开发利用尚处于起步阶段，为我国利用地缘优势与之加强矿产资源领域的合作，实现资源共享、优势互补提供了广阔的空间（张茉楠，2015）。那么如何抓住机遇，进行高效优化的投资决策，使矿产资源型国有企业提高自身收益和实现企业发展，进而实现矿产资源全球化布局，有效发挥国有企业保障国家战略资源安全的作用，成为当前矿产资源型国有企业对外直接投资需要解决的重要议题。

然而，需要指出的一个现实问题是，作为矿产资源对外投资的主力，矿产资源型国有企业对外投资收效并不乐观。据中国矿业联合会统计，随着购矿规模增大，矿业项目投资亏损比例却达80%，部分濒临失败，境遇堪忧（杜放等，2014）。2013 年 8 月，国务院批示了中国企业联合会呈递的《关于中国企业“走出去”风险警示的报告》。可见，对外投资亏损已引起政府和业界的高度重视和关注，矿产资源型国有企业海外投资失败及亏损是不容回避的问题。

从对外直接投资失败及亏损的现实不难分析出收购失败的项目多因东道国干涉或收购时机不合适，而运营亏损或失败的项目则问题更多出现在评估不足上。投资决策过程中存在偏差是造成投资选择失误、评估不足的重要原因，而这些偏差可能是由错误的时间、错误的价格、购买了错误的资产造成的（Marks et al.，2011）。因为涉及企业投资回收期、企业战略发展布局以及确保国家资源安全性需要等因素，矿产资源型国有企业的投资收益虽不能仅从短期的账面亏损来衡量，但其较高程度的失败及亏损现象仍暴露出一些问题。第一，从矿产资源投资类型来看，主要集中在能源、铁和铝矿方面，而除能源外，其他两种在国内都面临不同程度的产能过剩（韩国高等，2011；McKay et al.，2010；安宇宏，2015）；另外，就某个矿扎堆竞争现象普遍，企业不仅面临外部竞争对手，还得面对来自国内企业的竞争，影响投资效率（陈丽萍等，2009）。第二，从时间上来看，在某一特定时机下的投资较为集中（主要集中在全球金融危机爆发之后）。一方面，企业海外盲目"抄底"的趋同行为直接造成了国际舆论集中围攻中国企业之势，使得东道国政府加大了政治干预力度，导致投资难度加大（Gugler et al.，2008；陈丽萍等，2009）；另一方面，一味追求危机下的企业价值低估机会，却忽略自身风险抵抗能力、运营能力、所投资企业的价值和增长潜力，导致投资易发生亏损（Sauvant et al.，2009）。第三，从空间上来看，对外投资在澳大利亚、美国等发达市场有较高的集中度（Duanmu，2012；王碧珺，2013），可以联想这种并购失败无不与政治警惕、意识形态及制度差异紧密相关；另外，投资空间集中，使得资产还暴露在东道国汇率波动的风险敞口中。投资品种过于集中，空间过于集中以及怕错失机会而在某个时机投资集中，易带来更大的投资风险和企业流动性风险，进而造成投资低效。而当前矿产资源型国有企业过度暴露在一些风险敞口中，显然已不仅仅是实体经济放缓的原因，也不仅仅是资本市场波动的原因。实际上，出于何种动机进行投资决策对投资成效影响至关重要（Marks et al.，2011）。

矿产资源除了具有一般商品的实体属性外，其对一国的经济发展战略性不言而喻，因而具有战略属性，随着期货等衍生品市场的发展，也赋予了矿产资源更多的金融属性。同时，因国有企业存在政府背景，自身具备融资、政策享受等多方面的优势。对于矿产资源型国有企业对外直接投资而言，雄厚的资金支持和政府扶持，使其能够更容易地获取海外市场成熟制度带来的投资好处，更有实力在国内外矿产品价格存在差异或有特定时机的投资机会时迅速大规模调动资金进行投资，从而使其面临比其他类型企业更大的海外获利空间。然而，同样是基于矿产资源属性以及国有企业所有制优势的存在，矿产资源型国有企业在投资决策中产生一些区别于其他企业一般商业行为投资动机的可能：首先，依赖国内资金、政策等方面的易得优势，海外原本无利可图的项目得以扩张，而决策者容易忽视对成本的控制，这实际上是一种全民补贴机制，补贴由全社会承担（Deng，2013；Kang et al.，2012）；其次，鉴于管理者的政治联系，在政绩和权力驱动下有较强的自利动机并容易形成投资短视或盲目投资，尤其是当国有企业在国际竞争中处于不利地位时，为了成功投资以赢得形象，即使项目价值不大也会投资（Quer et al.，2012；胡宁，2014）；再次，由于国有企业多层委托代理机制，海外监管缺位，可能存在腐败和违规行为，为管理者获取私利营造了温床（徐细雄等，2013；池国华等，2012）；最后，国有企业在国内形成的垄断优势会给经理人造成一种决策偏差，容易造成过度自信等非理性投资行为，往往低估投资风险或高估投资收益（Billett et al.，2008；董红晔等，2014；余明桂等，2013）。正是矿产资源具备实物商品、战略资源、金融商品等多重属性，再加上国有企业的特殊性，矿产资源型企业对外直接投资具有更为复杂的决策机制和动机，并形成一种不同于其他类型企业对外投资一般动机的“套利动机”来获取“套利收益”。这样的套利动机可能是近年来中国矿产资源型国有企业加速海外扩张的一个重要原因。一方面，在获利空间面前，从传统投资动机逻辑看，企图用较低的价格或成本获得较大的收益，实现企业价值最大化，赋予企业海外投资和利润的同时，平抑了国内外矿产资源的价格波动，确保了国内资源安全；另一方面，在特定的外部环境（如金融危机）和制度（如国有企业制度）约束下，基于一定的决策偏好，企业会给予能够形成套利的要素和环节更多关注和更高的决策权重，赋予其更多的投机色彩，对暂时性的价格波动或机会性投资过分重视，可能就不会潜心经营实体，出现投资决策短视、低估风险，进而造成投资低效和决策失败。这样，使得投资企业遵循与常规不同的决策逻辑，就可能偏离企业战略发展目标。

那么，矿产资源企业对外投资现状是如何形成和演化的，又是如何形成套利动机的，在这种动机下投资决策又受到了怎样的影响？这些问题对学者和决策者提出了较高的要求和挑战。同时，国际上十分重视从微观视角研究企业管理基础理论，而我国在这方面还有很大差距，传统理论对中国企业“走出去”的解释还较乏力，尤其是解释中国对外投资时还缺乏完整的理论体系（Dunning et al.，2008；Gugler et al.，2008；Deng，2013），这使得理论研究也十分迫切。而中国对外投资的特征，为丰富和拓展对外投资理论也提供了难得的素材（Child et al.，

2005)。因此，研究中国矿产资源型国有企业对外直接投资行为和作用机理，探寻其发展规律，对丰富中国对外投资理论体系十分有意义；并且对规避企业非效率投资行为，有效把握“一带一路”建设新机遇，规范、引导和监管企业对外投资有着重要的理论与现实意义；同时，为宏观政策制定找出微观基础层面的原因，对改善外汇服务实体体制、确保国有资产保值增值意义重大。

综上，受国内外关于对外投资动机的文献研究以及中国对外投资实践的启发，本书认为中国矿产资源型国有企业对外直接投资存在“套利动机”，并将这种套利动机定位为矿产资源型国有企业利用企业所有制优势，国内外两个市场的制度势差，以及监管差异、要素价格差异、企业价值机会性差异获取收益的动机。从而提出本书命题，并将“套利动机”作为一个中性概念，引入企业海外投资决策，探寻矿产资源型国有企业的投资决策行为特征，研究套利动机对投资决策产生的影响及作用机理，研判矿产资源型国有企业对外投资决策的规律及优化，进而给出对外投资监管的对策和建议。

1.2 研究内容

本书旨在结合矿产资源的金融属性、国有企业的制度特征和外部环境冲击，基于“套利动机”研究我国矿产资源型国有企业的对外直接投资行为，分析矿产资源型国有企业对外直接投资现状形成的内生原因，探寻规律，进而完善对外投资套利动机理论；以期用金融工程领域的方法论研究对外直接投资领域的问题，丰富中国对外直接投资理论，进一步建立完善的引导和监管机制；以期从企业投资决策的微观层面出发，解决中国对外直接投资中宏观层面的问题，为对外投资决策提供理论支撑，为我国宏观部门提供决策参考和建议。

本书主要研究内容分为三个部分。

第一部分，在对现有研究成果进行梳理的基础上，建立本书的研究和分析框架，基于此进行矿产资源型国有企业对外投资现状分析。

①分析矿产资源型国有企业海外投资现状。通过数据及案例分析矿产资源对外直接投资的投资规模、投资区域、投资品种、投资主体及投资失败和亏损情况等现状，分析其存在问题和可能存在的原因。

②分析我国矿产资源型国有企业海外投资的套利动机特征与行为。一是先天优势下的制度套利：由国有企业制度优势、政策性要求、海外监管缺位等推动的情形，分析企业如何利用内外制度差异进行制度套利。二是价格时滞下的期限套利：旨在获取自然资源的情形，在国内资源约束与日益增长需求之间的矛盾背景下，分析企业如何利用国内外要素价格时滞性差异捕捉价格差异进行期限套利。三是外部冲击下的市场套利：由外部环境与投资机遇推动，旨在获取垄断竞争优势的情形，在国际金融危机冲击、人民币波动背景下，海外企业价值被低估，分析企业如何利用这种特定时机出现的机会获取市场套利。

第二部分，研究套利动机下矿产资源型国有企业对外投资决策机理。

①套利动机下对外投资风险识别研究。基于套利动机的产生，对矿产资源企业套利策略进行分析，识别国有企业制度套利、期限套利、市场套利空间及面临的风险，分析其作用机理，筛选套利动机衡量指标。

②套利动机与对外投资决策模型构建。在市场不确定性实物期权决策模型基础上，加入套利不确定性，构建多因素不确定性投资决策模型，即“企业价值最大化=实物期权+风险套利”。研究套利动机的存在是如何作用于企业对外投资决策的。根据制度套利、期限套利和市场套利这三种套利的特征和存在的风险，构建制度套利、期限套利、市场套利决策模型，研判套利动机下矿产资源型国有企业对外投资决策规律及优化。同时，以中国矿产资源型企业对外直接投资微观数据为样本，进行基于套利动机投资决策的实证研究与检验，研究套利动机下其投资决策规律及套利动机的影响机理。

③对投资区域集聚问题进行延伸思考，进一步解释矿产资源型国有企业对外直接投资的区域集聚性的原因。在 Lotka-Volterra 模型基础上构建对外投资区域选择模型，刻画主观信息影响下投资区域选择模仿对海外投资量及区域分布的影响，并进行仿真模拟研究。

第三部分，套利动机下对外投资有效监管。

在辨识套利不确定性带来投资风险及其产生效应的基础上，为建立宏观干预或引导机制创造条件。分别针对制度套利、期限套利、市场套利的情形进行讨论，建立满足多元化特征和动态性特征的监管机制。

1.3 研究方法

1.3.1 理论研究

（1）按照不确定性投资决策模型进行理论探讨

在内外生不确定性下纳入套利动机，分析多因素不确定环境下企业如何进行投资决策（Dixit，1989；Dixit et al.，1995；Li et al. ,2007）。

①基础模型

以 Dixit 和 Pindyck 构建的不确定条件下的投资决策模型为基础。该模型考虑了 NPV 模型忽视的投资不可逆性和延期可能性带来的机会成本，而这种机会成本对于投资未来价值的不确定性高度敏感，形成与 NPV 模型不同的投资决策逻辑。该模型将不可逆投资看作一种金融看涨期权，在 NPV 模型基础上考虑实物期权，研究企业对外投资行为，将影响投资决策的市场不确定性要素纳入模型中，进行不确定条件下投资时机的研究。该模型的理论背景与逻辑适用于本书不确定条件下投资决策，给予本书理论研究基础和支撑。

②引入套利收益变量

在套利动机驱使下，在矿产资源金融属性和国有企业所有制属性的基础上，企业决策面临的不确定性又有所变化，其决策逻辑与单纯市场不确定性条件下又有不同。制度套利中，制度优势与差异进一步影响对外投资成本；期限套利中，价格时滞差异带来投资价值的不确定性；市场套利中，外部环境冲击造成投资标的初始价值的不确定性。而这些不确定性在基础模型中是未完全考虑的，三种套利通过影响不确定性决策模型的三个决策变量并通过三种渠道对投资决策产生影响。然后，这三个因素共同作用于投资收益，这时企业面临需要权衡投资实体收益和套利收益的问题。因此，以 Dixit 和 Pindyck 在传统 NPV 模型中纳入市场不确定性要素的理论逻辑为依据，本书在基础模型上纳入套利不确定性决策因素——套利收益变量，考虑矿产资源型国有企业在套利动机下的对外投资决策问题。在套利动机驱使下，某个矿产资源型国有企业在海外进行一项投资时，投资价值 V 可以分为两部分：实体投资带来的收益（或资产价值）P 和套利收益 W，$V=w(P, W)$。假定 V 服从几何布朗运动：$dV=\mu Vdt+\sigma dz$，其中 dz 是标准维纳过程，μ 和 σ 分别是漂移率和标准差。令 K 为执行价格（投资成本），$F(V)$ 为投资机会价值（投资期权价值）。通过模型分析判断投资临界值。

③不同套利模型的构建

制度套利：在制度套利中，制度差异形成的投资成本不确定性是套利收益对投资决策产生的最大影响，是对投资成本确定性的弥补。在模型中应将制度套利产生的成本优势考虑到模型中，形成原有成本 K 减去套利收益 W_0 的实际投资成本 $K-W_0$。将该变量纳入决策模型中，求解最优投资时机以及投资价值临界值，并分析制度套利动机对投资决策的影响。

期限套利：按照期限套利的特征，价格时滞造成了套利收益不确定性并随着时间推移减退影响价值。类似于 Grenadier 等（2005）的设定，在套利收益的随机过程中考虑时间要素，有 $dV=-\frac{\mu V}{T-t}dt+\sigma\frac{V}{T-t}dz$，而投资价值则受这个存在价格时滞套利收益的影响，即投资越晚套利空间越小，套利收益随时间推移而减小。将其纳入投资决策模型中，求解最优投资时机以及投资价值临界值，并分析期限套利动机对投资决策的影响。

市场套利：外部冲击主要影响资产初始值，而这种不确定性也会影响投资决策逻辑。因此，对于市场套利的这种不确定性，使用加入跳跃过程的随机方程来表示资产价值，这里由于套利收益是由资产价值变化引起的，因此其内涵于资产价值中，套利收益形成跳跃过程中对资产价值的冲击率。将其纳入投资决策模型中，求解最优投资时机以及投资价值临界值，并分析市场套利动机对投资决策的影响。

（2）从生态学演化角度将投资决策过程看作不同信息竞争的过程

先分析投资者根据不同信息进行投资区域选择决策的演化机理；然后根据投资者区域选择创新和模仿行为，基于 Lotka-Volterra 模型构建不同信息环境下的对外投资区域选择模型，刻画主观信息影响下投资区域选择模仿对海外投资量及区域分布的影响，并通过仿真模拟验证影响信息扩散的关键因素，从而分析主观信息影响下模仿性投资对投资区域分布结构和投资量的影响。

1.3.2 实证研究

基于2001—2014年中国矿产资源型企业对外直接投资项目数据，建立制度套利动机、期限套利动机和市场套利动机影响性研究框架，检验套利动机对投资决策的影响。在实证方面，为规避某些变量无法计量，在度量制度套利的影响时，从企业所有制差异、市场监管差异以及市场投资环境、东道国政治治理水平等方面衡量对空间选择的影响；在检验期限套利的影响时，主要看不同品种的国内外要素价格差是否对投资决策有影响；在度量市场套利时，则主要看外部事件冲击是否对投资决策有影响。这些变量均可以度量且能获得相应的数据，能有效开展数据分析和实证研究。

1.4 研究思路与技术路线

本书技术路线如图1-1所示。首先，从现状入手，研究中国矿产资源型国有企业对外投资的现实，即通过中国矿产资源型国有企业对外投资的数据和案例分析目前的投资现状，主要分析投资品种、时机和空间分布特征。其次，通过文献研究及实地调研对矿产资源型国有企业现存的套利投资动机进行分析，主要从市场套利、期限套利和制度套利进行分析。再次，在现状分析的基础上，研究其原因，即通过构建套利动机下的不确定性投资决策模型进行规范分析，以及对外投资数据支持下的实证分析，研究套利动机下对外投资决策形成机理。最后，在理论结合实际分析的前提下，提出该怎样做，即根据不同套利动机下可套利空间以及容易产生的战略性偏差提出监管及引导机制，以确保海外国有资产的安全及提高企业投资效率。

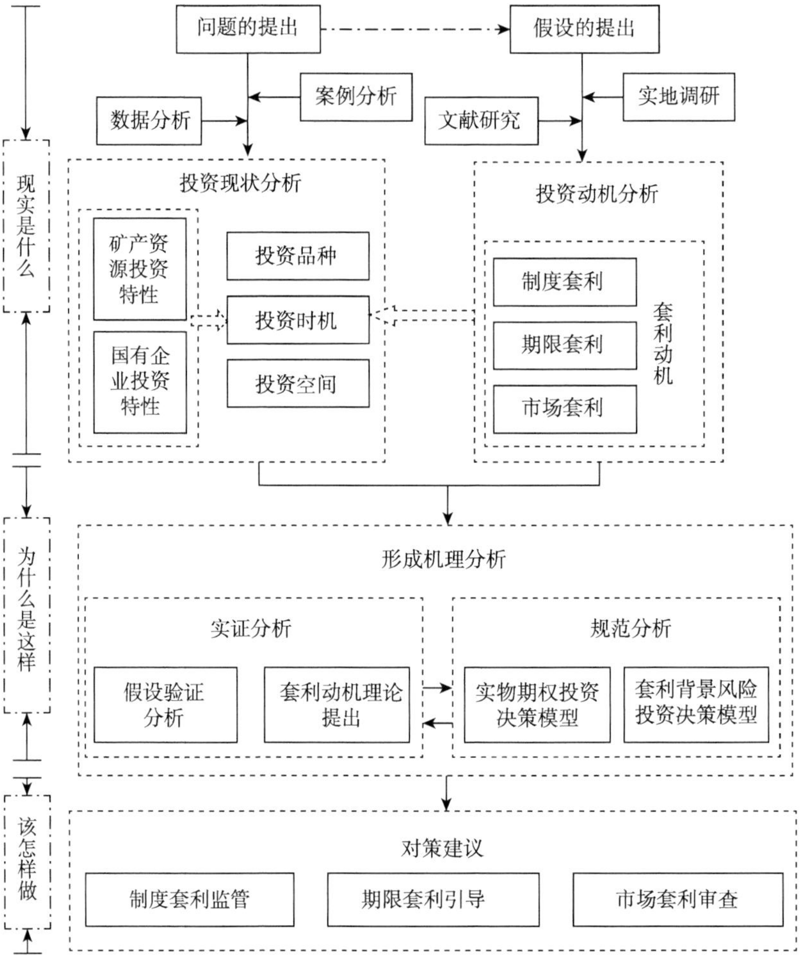

图 1-1　技术路线

1.5　本书创新

第一，建立和完善套利动机理论分析框架。从套利视角出发重新阐释国有企业对外直接投资动机，揭示其内在驱动原因，将矿产资源型国有企业的“套利动机”作为一个中性概念引入对外投资，从更广意义上研究对外投资套利动机。从套利动机视角研究企业对外投资行为，将企业的内生风险和外部环境对企业投资决策的影响纳入套利动机理论框架。

第二，构建套利动机下矿产资源型国有企业对外直接投资决策模型。套利动机下的投资决策问题并不能用传统的企业对外投资理论加以解释。本书在进行模型构建时，不再假定不确定性都在价格变量的随机过程中得以体现，而是在内外环境不确定性和随机冲击下，引入套利变量，研究多因素不确定性下的投资决策模型，以确定均衡机制、优化进入时机，并基于套利动机研究多因素不确定性投资决策行为。基本决策模型是：企业价值最大化=实物期权+风险套利。同时，针对不同的套利类型构建了制度套利、期限套利、市场套利下的矿产资源型国有企业对外直接投资决策模型。

第三，构建套利动机下矿产资源型国有企业对外直接投资决策实证研究框架。一方面，筛选 2001—2014 年矿产资源型企业对外直接投资项目数据作为研究样本，微观层面的数据能够有效反映矿产资源型国有企业的特有属性，通过实证分析探析套利动机对对外投资决策产生的影响，解释其微观作用机理，从而为解决中国矿产资源对外直接投资的中宏观层面问题提供微观基础。另一方面，引入衡量套利动机的要素及变量，反映制度套利、期限套利和市场套利的特征，构建实证研究框架，进行制度套利、期限套利、市场套利分别存在和同时存在时的投资决策影响性分析，进一步拓展了对外直接投资实证研究的涉及范围和分析思路。

第四，建立了套利动机下矿产资源型国有企业对外直接投资决策的监管引导机制。基于对套利动机作用机理、影响机制及其驱动下矿产资源型国有企业对外投资决策行为特征的分析，本书系统地、有针对性地提出了制度套利下的监管机制，期限套利下的引导机制和市场套利下的审查机制，给出规范、引导及监管企业对外投资行为的政策建议，以规避企业非效率投资行为，为国有资产保值增值提供保障。

第 2 章　套利动机下对外直接投资理论基础与文献综述

2.1　相关概念界定

2.1.1　矿产资源型国有企业

（1）矿产资源

根据美国地质调查局（U. S. Geological Survey）1976 年的定义，矿产资源（mineral resources）是指“天然赋存于地球表面或地壳中，由地质作用所形成，呈固态（如各种金属矿物）、液态（如石油）或气态（如天然气）的具有现实经济价值或潜在经济价值的富集物”。

原国土资源部将自然资源分为土地资源、矿产资源和海洋资源三类，矿产资源是指“由地质作用形成的，具有利用价值的，呈固态、液态和气态的自然资源”。矿产资源按属性和用途可分为四大类：①能源矿产（如煤、石油、天然气等）。②金属矿产，包括黑色金属（如铁、锰、铬等）和有色金属［包括重金属

（如铜、铅、锌等）、轻金属（如镁、铝等）、贵金属（如金、银、铂等）、稀有金属（如锂、钼、钨等）等］。③非金属矿产（如石灰岩、白云岩、花岗岩、大理岩、黏土等）。④水气矿产（如矿泉水、地下水、二氧化碳气体等）。

本书研究对象涉及的矿产资源主要包括能源和金属矿产资源，暂不考虑非金属矿产资源和水气矿产资源。

（2）国有企业

国家统计局在《关于对国有公司企业认定意见的函》（国统函〔2003〕44号）中对国有企业、国有控股企业、国有参股企业的定义如下：①

"广义的国有企业：纯国有企业——包括国有独资企业、国有独资公司和国有联营企业三种形式，企业的资本金全部为国家所有。国有控股企业——包括国有绝对控股和国有相对控股两种形式，国有绝对控股企业是指在企业的全部资本中，国家资本（股本）所占比例大于50%的企业；国有相对控股企业（含协议控制）是指在企业的全部资本中，国家资本（股本）所占的比例虽未大于50%，但相对大于企业中的其他经济成分所占比例的企业（相对控股）；或者虽不大于其他经济成分，但根据协议规定，由国家拥有实际控制权的企业（协议控制）。国有参股企业——是指具有部分国家资本金，但国家不控股的企业。狭义的国有企业，仅指纯国有企业。"

---

① 资料来源：国家统计局网站（http：//www. stats. gov. cn/statsinfo/auto2072/201311/t20131101_ 451646. html）。

本书中所涉及的研究对象包括广义国有企业中的纯国有企业以及国有控股企业。

综上，本书中矿产资源型国有企业是指直接以能源、金属矿产为主要对象，从事矿产资源勘探开发、采、选、冶及矿产品贸易等活动的纯国有及国有控股企业。

2.1.2　套利动机

（1）经典套利概念

通常所说的套利描述的是金融市场上的行为。对于套利的定义，比较权威的是由 Dybvig 和 Ross 给出的：套利是指“保证在某些偶然情况下获取正报酬而没有负报酬的可能性，也无须有净投资。通过假设，有可能在任意套利规模上历遍套利的可能性；换句话说，套利机会代表的是一个货币泵”。而 Sharpe 和 Alexander 在《投资学》中把套利定义为“在两个不同的市场同时买卖相同或者本质上相似的证券以获取有利的差价”。

这就是套利经典定义，同时也给出了套利的特点，即存在差价，相同或相似的证券在不同的市场上有不同的价格；买入和卖出双向交易操作；不需投入资本；能产生无风险的收益；可买卖任意数量的头寸。

但以上描述理论上的套利在投资实践中已很少见，在实际中广义的套利与理论上的套利有所差异：对“不同市场”的理解更为宽泛，价差既可以是相似证券在不同市场上的交易价格差，也可以是证券价格对自身价值的偏离；买入与卖出双向操作不一定同时进行，并且充分利用卖空机制和期货、期权等衍生证券工具，进行了投资组合的设计；一般是需要投入资本的，包括交易成本和保证金；组合头寸受市场交易制度和可得资金的限制。

（2）矿产资源型国有企业对外直接投资套利动机

受国内外关于对外投资动机问题的研究以及中国对外投资实践的启发，本书提出中国矿产资源型国有企业对外投资存在套利动机。本书中所指套利与金融市场上的套利并无直接关系，但其套利产生原理机制对本书研究有所启发，并形成实体对外直接投资领域的套利概念。本书套利指矿产资源型国有企业在所有制优势下利用国内国外两个市场的要素价格、企业价值和制度差异，通过海外配置资产，利用市场波动中的投资机会获取收益。可分为三种情形：制度套利、期限套利和市场套利。制度套利是指由国有企业制度优势、政策性要求、海外监管缺位和国内外制度势差等推动，企业旨在利用制度优势和差异获取收益而进行的投资。期限套利是指由国内需求攀升，致使资源要素价格上升快于国外资产价格上升所形成的时滞性差异推动，企业为了获取这种差异收益而快速捕捉价格差异进行投资。市场套利是市场不完全、人民币汇率波动、经济危机等外部冲击下海外部分企业价值被低估，企业利用这种特定时机出现的企业资产价值差异进行“抄底”投资（张海亮等，2015）。

本书认为获取上述三种套利是近年来中国矿产资源型国有企业加速海外扩张的一个重要原因。本书中的套利一方面，符合传统投资动机的逻辑，企图用较低的价格或成本获得较大的收益，实现企业价值最大化，赋予企业海外投资和利润的同时，平抑了内外矿产资源的价格波动，确保了国内资源安全。另一方面，在特定的外部环境（如金融危机）和制度（如国有企业制度）约束下，基于一定的决策偏好，企业会给予能够形成套利的要素和环节更多关注，赋予其更多的投机色彩，对暂时性的价格波动或机会性投资过分重视，使得企业给予投资决策其他环节较低的决策权重，可能就不会潜心经营实体，出现投资决策短视、低估风险，进而造成投资低效和决策失败，从而使得投资企业遵循与常规不同的决策逻辑，而偏离企业战略发展目标。综上，本书将金融市场的“套利动机”作为一个中性概念，引入企业海外投资决策进行研究。

2.2　相关理论基础与文献综述

2.2.1　套利相关理论与研究综述

本书中所指套利与金融市场上的套利并无直接关系，但其套利产生原理机制对本书研究有所启发。同时，一些非金融领域关于套利的研究也给予本书思路上的启发并提供一定理论依据，这里首先对套利理论及相关研究进行综述。

（1）金融市场套利理论

在西方经济学中，经济学家 Working 在 1949 年提出了著名的仓储理论。该理论的关键在于剖析了时间对于基差（基差=现货市场价格-期货市场价格）的影响。仓储理论揭示了基差基本上受制于边际持仓成本，两个市场间价格呈现出在临近交割期时趋于一致的特点，在期货价格变动的指导下，厂商可以适时调整其生产与经营规模及结构，也因为基差的出现，套利投机者存在了套利的机会。凯恩斯和希克斯提出正常交割延期费理论，又称为“正常期货贴水理论”。期货市场为套利及保值者提供了风险转移功能，使得生产商作为一个整体拥有期货的净空头，通过支付风险溢价吸引投机持有期货的净多头寸，达到转移风险的目的，因而使得期货价格总是要低于未来现货期望价格，作为净多头的期货投机商则会从中获利，使得套期保值者逐渐向投机者转移。

在金融工程领域，关于套利的主要理论包括无套利均衡原理、套利定价理论以及约翰·马歇尔关于套利的论述。

①无套利均衡原理：20 世纪 50 年代，在研究企业资本结构和企业价值关系 MM 理论时，莫迪格里亚尼和米勒提出了无套利均衡原理的思想，从而带动了整个现代金融学研究方法的变革。与主流西方经济学研究方法关注供需均衡的存在性及变动情况不同，在本质一致的基础上，其认为存在金融活动时，可以产生一个市场均衡时无法形成无风险利润的头寸，其价格偏离供求关系所决定的价值时，市场在不平衡状态下存在套利机会，进而套利将推动市场恢复平衡，然后在平衡后再次消失。

②套利定价理论：在无套利均衡原理的思想下，1976 年 Ross 发表了经典论文《资本资产定价的套利理论》，推导出著名的资产定价的套利定价模型。其研究思路是：首先，分析市场是否处于均衡状态；其次，如果市场是非均衡的，分析投资者会如

何行动；再次，分析投资者的行为会如何影响市场并最终使市场达到均衡；最后，分析在市场均衡状态下，证券的预期收益由什么决定。套利定价理论认为，套利行为是现代有效率市场形成（亦即市场均衡价格形成）的一个决定因素，且如果市场未达到均衡状态的话，市场上会存在无风险的套利机会。同时，用多个因素来解释风险资产收益，并根据无套利原则，得到风险资产均衡收益与多个因素之间存在（近似的）线性关系。

③约翰·马歇尔的套利论述：作为金融工程学创始人之一的约翰·马歇尔认为，有两种历史悠久的套利，分别是地点间的套利和时间套利，存在于不同地点间的贸易和可存储商品买卖上的时间差异中。马歇尔综合这两种套利为一个能够同时解释时间和空间价格关系的更为一般性的均衡条件。当偏离均衡条件价格时就会产生均衡套利机会，若套利的存在仍没有消除这种价格偏离，则表明可能有贸易壁垒存在。在金融市场上，这种条件同样适用，其利用空间价差、时间价差和金融工具形成跨市套利、跨期套利和转换套利，不同形式的金融工具和交易策略给出套利是否有利可图的指示。

（2）关于套利的相关研究综述

在金融市场，套利相关研究十分广泛和丰富。在证券市场，Chaney 等（1995）指出公司管理者和股票投资者之间的信息不对称，提供了公司管理者市场套利的机会；而 Lipson 等（2011）则认为预期交易过程中成本的总和超出资产增长套利带来的收益，套利动机会消失；Lam 等（2011）采用不同套利限制指标研究了套利限制对资产增长产生的效应；张腊凤等（2014）通过特质波动率计量套利风险，研究套利限制对中国股市的资产增长效应。在期货市场，许多学者对于金属期货套利交易策略作出研究，给出跨期、跨市的套利策略等（Wei，2007；邹炎等，2004；陈四新，2003）。在国际游资跨境流动方面，苏多永等（2010）构建了套汇、套价、套利、套税的四重套利模型研究短期国际资本流动因素，在此基础上，赵然等（2012）将套价动机分解为套取资本市场和房地产市场收益两部分，研究了预期升值与国际短期游资流动的关系，进而蒋绵绵等（2015）建立了多重套利模型进行短期国际资本流动的影响因素分析。

而关于非金融性的套利，在对外投资和投资并购方面也有一定的研究。在对外直接投资研究中，Hall 等（2001）指出特定国家的制度为不同特定投资活动提供了制度上的比较优势，从而在对外直接投资及投资区位转移上有了新的解释。Boisot 等（2008）在对新兴经济体对外直接投资的研究中指出，中国国内存在地方保护主义、市场效率低下等问题，而发达国家私有财产权保护制度等制度势差的存在（Witt et al.，2007），促使了中国企业海外投资；同时，利用对外投资优惠政策，中国企业利用制度差异在海外避税地建立实体再回国经营获取更多收益，被称为“迂回投资”。李凝等（2011）将这种利用不同市场制度进行获利的行为归纳为制度套利，认为制度套利是中国企业对外直接投资的动机之一，并认为在国内处于劣势地位的民营企业更具备这样的动机。另外，在对于中国企业管理层收购的研究中认为，中国企业管理层收购与国外以发挥“效率空间”的动机不同，“看中了非流通股在将来的流通溢价”，在与地方政府合谋性情况下

（朱红军等，2006），形成“制度性套利空间”，并认为其本质是管理层对原国有控股股东的利益侵蚀，是委托代理成本的一种形式（程才良，2007）。

2.2.2　对外直接投资动机相关理论及研究综述

本书从套利动机视角研究中国矿产资源型企业对外直接投资的内在驱动原因，属于对外直接投资动机研究范畴。对外直接投资动机的基本理论及关于中国对外直接投资动机的研究为本书提供了理论基础。对于中国企业及中国国有企业对外直接投资的研究更为本书矿产资源型国有企业对外直接投资决策行为特征及套利动机形成提供了理论依据。这里进行对外直接投资动机相关理论及研究的综述。

（1）对外直接投资动机基本理论综述

垄断优势理论：1960 年 Hymer 在其博士论文《国内企业的国际化经营：一项对外直接投资的研究》的基础上，与其导师 Kindleberger 合作提出了对外直接投资的垄断优势理论。该理论突破了传统的资本国际流动理论，在区分直接投资和间接投资、引入不完全竞争市场、由流通领域的研究转向生产领域的研究的基础上，提出了利率差异不是对外直接投资的直接动因，国内、国际市场的不完全性下企业拥有的垄断优势是企业对外并购的决定性因素。在 Hymer 与其导师研究的基础上，许多学者进一步延伸和扩展了该理论。Helpman 等（1985）认为，通过并购能够获取价格控制权垄断地位或提高抗衡垄断的能力。Caves（1974）

更强调产品差异化在形成跨国公司垄断化优势的作用，认为垄断优势主要体现为企业的无形资产和技术能力，利用其技术优势使产品差异化，进而使得跨国公司能够保持产品市场的不完全竞争和垄断优势。

寡占反应论：在垄断优势理论基础上，Knickerbocker 在 20 世纪 70 年代提出跨国公司寡占理论，他认为寡头垄断企业对某国直接投资后，其他会跟随进入，以抵消竞争对手进入新市场可能对自身产生的负面影响，是一种防御性投资。

产品周期理论：美国哈佛大学教授 Vernon 于 1966 年在《产品周期中的国际投资与国际贸易》一文中提出了产品生命周期理论，以国际供需平衡为前提假设，按照从工业发达国家到后发工业国家到工业开发国家的产业转移顺序，将产品生产划分为导入期、成熟期和标准化期，将营销上的产品生命周期与企业垄断优势结合，动态考察企业对外投资行为。

内部化理论：Buckley 和 Casson 在 1976 年提出了内部化理论。该理论在不完全市场框架下，研究角度从产品特异、规模经济、市场障碍转向交易成本问题。对于技术诀窍、管理技能等重要的生产要素，由于市场的不完全性，通过市场进行交易的成本远高于通过企业内部交易市场进行交易的成本。当企业内部交易市场超越了国界，就形成了跨国公司的内部化。

交易费用理论：新制度经济学家认为，企业间的外部交易通过并购可以转为内部行为，从而节约交易费用。Hennart 和 Park 于 1993 年最先运用交易成本理论研究跨国公司的并购行为动因。内部化理论的著名代表 Buckley 等（1998）推进了 Hennart 等人的研究，从目的国的宏观环境、产业环境和企业内部因素等三个方面，系统分析了目的国文化的差异、行业结构、准入限制、竞争对手的行为和跨国公司的技术水平、规模经济、海外经营经验等，包括它们对海外贸易、许可制度、特许经营、合资、跨国并购等投资方式选择的影响。

国际生产折中论：Dunning 于 1977 年提出国际生产折中论，并于 1981 年在《国际生产和多国企业》一书中进一步完善了该理论。该理论认为所有权优势、内部化优势和区位优势是一个企业进行对外直接投资必须同时具备的，具体主要包括技术优势、管理优势、规模优势、生产优势、销售优势等。三种优势的不同组合，还决定了对外直接投资的部门结构和国际生产类型。

委托代理理论：以 Jensen 等（1976）和 Shleifer 等（1988）为代表的代理成本理论认为，在私利的驱动下，管理者（代理人）往往会发起并购活动。而以 Mueller 为代表的管理主义理论认为，管理者报酬是公司规模的函数，因此管理者对投资收益率的要求较低但有扩大企业规模的动机。Jensen（1998）在代理成本理论的基础上衍生了自由现金流量假说，进一步发展了委托代理理论在跨国并购中的动因促进作用。

边际产业转移理论：Kojima 在 1978 年提出日本对外直接投资的理论模式，即边际产业转移理论。他认为应从处于或即将处于劣势的劳动密集型部门依次通过对外直接投资向国外进行转移，这样可以扩大两国比较成本差距，形成新的比较成本格局。

产业组织理论：基于对产业组织理论的延伸与发展，Yip（1983）等学者认为，产业壁垒是对外直接投资中的一大障碍，一些战略性行业（如电信、石油等），即便是对于实力雄厚的大型跨国公司而言，通过绿地投资进入东道国市场也是十分困难的，而通过并购方式能够有效降低市场进入壁垒（Caves，1985，1998；Baldwin et al.，1987）。

风险分散理论：加拿大学者 Rugman（1979）指出，跨国公司并购的主要动因在于使自己的产品多样化、投资布局多样化、生产经营多样化，从而分散经营风险，巩固市场地位。

异质性企业理论：近年来，异质性企业理论成为国际投资理论研究的新热点。该理论以微观的企业为研究对象，分析企业的商业模式选择。其假设企业是异质的而不是传统理论所假设的同质性企业，将企业生产率差异纳入研究企业的全球生产组织行为和贸易、投资行为。近年来发展迅速并以 Melitz、Antras 等为代表的新新贸易理论学者，就从微观企业层面关注企业异质性与出口及对外投资决策的关系（Melitz，2003；Antras，2003）。基于不完全契约思想，Antras 等（2004）进一步研究表明异质性会对企业进入国际市场时所有权形式、组织结构等的选择产生影响。在实证研究方面，一些学者已经使用中国企业微观数据验证了该理论，发现企业规模、外部融资依赖等异质性指标对企业出口、投资决策有显著正影响，且较高生产率企业及大中型企业更倾向进入国际市场（钱学锋等，2011；金祥荣等，2008；赖伟娟等，2011；孟夏等，2012）；而该理论部分相关研究已关注到国有企业所有制属性，发现国有企业对相似市场及同行业企业投资区位选择经验存在“路径依赖”（刘慧等，2015）。

所有制优势下的资源易得性是矿产资源型国有企业形成套利

动机的重要根源之一。企业基础资源论认为拥有相应异质性的稀缺资源是企业获取持续竞争优势的关键，从而对异质性企业加以解释（Collis et al.，1995）。从某种意义上来说，国有企业套利动机的形成实质上也是企业所有制异质性造成的结果之一。因此，异质性理论的相关研究为本书提供了有效理论基础和实证研究的良好范本。

（2）中国企业对外投资动机文献综述

①内部驱动

获取资源：Cheung 等（2008）的实证研究发现资源寻求动机是中国对外直接投资的趋势。中国企业对外投资旨在在全球范围内获取稀缺资源，从而提升其竞争力和绩效（Dunning et al.，2008；陈岩等，2012）。

获取市场：Buckley 等（2007）研究发现中国企业对外直接投资有市场寻求动机。Huang 等（2011）指出海外投资加速中国企业对外市场布局。

获取技术等战略资产：蒋冠宏等（2012）在研究指出，相较于发展中国家，中国企业在技术上有一定比较优势而具有投资动机，而发达国家存在技术寻求动机，通过收购战略资产，获得先进技术，以提升中国企业的国际竞争力；Cui 等（2014）也指出中国企业着力克服后来者劣势，通过建立技术研发中心等获取战略资产追赶发达国家企业。

降低成本（获取效率）：企业对外投资扩大需求的同时也扩大了市场规模，能够使经营的边际生产成本降低，从而增加了实现规模经济效应的潜力（Bevan et al.，2004）。中国对外直接投资在东南亚、非洲的覆盖率非常高，一方面，发展中国家的廉价劳动力等可以降低投资成本，另一方面，随着国内产业升级的进行，向欠发达国家转移低端高耗能产业及生产要素和投资成本较高的行业，成为不可忽视的投资动因之一（杨海洋，2013；Barney et al.，2014）。

获取所有制差异收益：企业基础资源论认为拥有相应异质性的稀缺资源是企业获取持续竞争优势的关键（Collis et al.，1995）。由于所有制差异的存在，相对于非国有企业，国有企业在政策扶持、资金获得等各种资源上存在易得性（Kang et al.，2012）。同时，根据资源依赖理论，公有制增加了国有企业的政府背景，提高了其对母国的资源依赖度，受国家制度环境干预、不完善的经济改革、渐进的制度改革影响，中国国有企业在国际化和并购的关键阶段明显受益于政府支持，巨额外汇储备也进一步促进政府对国有企业的支持（Tsui et al.，2004）。因此，在所有制差异下国有企业有更多的投资机会和雄厚的投资实力，有利用其优势对外投资的动机。

获取私利方面（主要针对国有企业）：国有企业在资金、政策等方面具有易得性优势（Kang et al.，2012），加上各级政府政绩需求的推动，原本无利可图的投资项目也会得以扩张。这实际上存在一种补贴机制，就是谁占的基础性资源越多，得到的补贴也就越多，而补贴绝大部分由中央政府和全社会承担。另外，管理者在业绩驱动和权力驱使下，有较强的自利动机，容易盲目对外扩张或以权谋私，进行不必要的投资（Quer et al.，2012）。同时，国有企业管理者出于自利动机，再加之对海外投资代理人监管缺位问题的存在，使得国有企业出现过度投资现象（周黎安等，2013；唐雪松等，2010；Bebchuk et al.，2003；Restuccia et al.，2008）。

②外部驱动

政策性推动："走出去"战略的提出直接推动了中国企业对外投资的进程，政府鼓励企业"走出去"的政策及相关优惠措施不仅提供了良好的政策环境，更增强了企业对外投资的积极性，使得中国企业对外直接投资保持了较高的增长速度（王碧珺，2013；陈曦等，2013）。2013 年，中国国家主席习近平提出建设"丝绸之路经济带"和"21 世纪海上丝绸之路"（"一带一路"）的倡议。进一步地，2015 年 3 月经国务院授权，国家发展改革委、外交部、商务部联合发布了《推动共建丝绸之路经济带和 21 世纪海上丝绸之路的愿景与行动》，在政策沟通、设施联通、贸易畅通、资金融通、民心相通等方面对中国企业对外投资都有了更实际的支持。[①] 矿产资源在地理上分布的不均匀性和经济全球化的发展趋势，决定了矿产资源配置的全球化，实施"一带一路"倡议，更是为矿产资源企业带来新的发展机会和经济增长点（唐海军，2015；赵志刚，2015）。

政府推动：急剧增长的中国对外投资是中国"走出去"战略，服务实体经济政策以及架立政治、外交桥梁的结果（Song et al.，2011）。Ramasamy 等（2012）研究发现国有企业的经济

① 资料来源：http：//www.mofcom.gov.cn/article/resume/n/201504/20150400929655.shtml。

行为更直接地体现着政府的政策性发展战略。Carvalho 等（2008）甚至把迅速崛起的中国跨国企业描述为政府塑造型。在外汇储备急需多元化推动下，为满足国家资源战略安全的需要，企业基于国内、国外两个市场进行资源配置成为必然趋势（张华，2010；何贤杰等，2011）。

生产性需求：中国经济飞速发展，对能源的需求不断增加，中国国内的矿产资源供应远远不能满足需求（董艳等，2011；唐海军，2015）。受国内资源禀赋的制约，仅依靠国内资源保障能力，难以满足国家资源战略安全的需要，基于中国对能源的需求增加和国内供给的矛盾，海外投资实现国内、国外资源共同利用是资源安全战略选择的必然趋势（何贤杰等，2011；Duanmu，2012；董艳等，2011）。

外部环境推动：最为典型的是外部环境冲击使得企业价值低估进而产生投资机会（Tobin，1978）。美国次贷危机后，全球经济触底、回升直至下一轮增长周期迟迟没有到来，欧洲国家的债务危机又对发达国家经济造成了冲击。一方面，国际市场出现了去杠杆化趋势，一些企业价值缩水，企业整合加剧，外国跨国公司受危机影响减少了并购活动，从而降低了跨国并购的竞争强度，而许多国家对于战略性资源行业的政策也有所放松；另一方面，中国外汇储备充裕，人民币升值步伐加快，这些外部环境加速了新兴市场海外资产布局，也为中国企业对外直接投资创造了机遇（Boisot et al.，2008；高健等，2009；Sauvant et al.，2009）。

获取制度差异收益：Hall 等（2009）认为跨国公司可利用不同国家的制度差异进行投资，以获取制度收益。Boisot 等

（2008）认为企业利用国家间存在的“制度势差”，解释中国等发展中国家企业利用发达国家市场的比较制度优势进行投资。Mitchell 等（1996）研究指出，政府放松监管是跨国并购得以进行的重要原因。一些学者研究指出，制度差异是中国企业对外投资的动机之一并影响投资并购活动的成败（阎大颖，2011），较为稳定、成熟的制度环境和完善的市场机制中的企业战略选择多为自主行为，因而较为有效（Peng，2002）。宗芳宇等（2012）认为东道国和母国制度环境的交互作用会对企业区位选择产生影响；陈岩等（2012）重点分析制度因素如何作用于资源从而影响企业对外投资决策，并实证检验制度层面的异质性特征对直接投资的不同影响。

（3）中国国有企业对外投资文献综述

对于中国国有企业投资问题的研究主要集中在企业产权制度、政治联系、管理者投资行为与投资效率等企业投资效率和投资行为。这里主要对国有企业对外投资低效原因进行综述，从而能够对国有企业投资决策行为的特征形成原因及其投资失败及亏损的原因有所解释。总体上从内因和外因两个方面展开：内因方面包括委托代理问题、企业运营能力差、风险管理体系不完善等；外因方面包括外部东道国投资壁垒、资产价格波动、国内供给过剩需求不足等。

①内因方面

战略定位方面：出于何种战略动机对投资成效至关重要（Marks et al.，2011）。急剧增长的中国对外投资是中国“走出去”战略，服务实体经济政策以及架立政治、外交桥梁的结果

(Song et al.，2011)，这使得很多国有企业对外投资战略定位易受政府导向、国家战略等因素影响，投资目标并不一定能实现企业价值最大化（Kang et al.，2012；Ramasamy et al.，2012）。同时，较高的母国资源依赖度令其投资偏离企业并购和自身发展根本目标的投资决策，使国有企业倾向于制订复杂和高成本的投资计划，经常进行高风险并购活动（Quer et al.，2012)，且相对于非国有企业较少担心东道国政治风险等（Voss et al.，2010)，易造成投资的低效和亏损。

国有企业监管及管理者行为方面：国有企业是中国对外投资的主力，在现有制度背景下，国有企业形成了国有股“一股独大”的产权制度和“两大等级体系”的委托代理人关系，其主管机构既是委托人也是代理人，内部高层管理者也是“准政府官员”，(Luo，2005；Kwok et al.，2006)。在这种机制下，缺乏对国有企业监督的动力，研究表明政治联系和管理层权力均会导致国有企业的过度投资，国有企业高管存在为业绩工程盲目对外扩张的动机（董红晔等，2014；胡宁，2014)。另外，有研究表明由于产权性质，国有企业的投资决策及投资结果符合私人利益假说的预期，而不是社会价值假说的预期（余琰等，2014)；同时，海外资产监管缺位存在以权谋私的动力，甚至有可能与境外经营者合谋侵吞国有资产，产生境外国有企业领导人的道德风险，对企业经营效益造成严重损害（徐细雄等，2013；池国华等，2012；Aidt，2009；Eric，2010；王建朴，2012)。同时，在资源垄断下，管理者由于自身能力不足、锚定效应、过度自信等非理性行为的存在，易形成多种错误假设和决策误判，往往低估风险、高估协同收益并支付过高的并购溢价，同时容易产生投资短视行为，从而使得本身不具有价值或发生有损公司价值的投资活动，造成投资项目和整个企业的亏损和财富流失（Roll，1986；Billett et al.，2008）。此外，国有企业多重代理链条造成的信息不对称，大大提高交易成本，影响交易行为与效率（贺灿飞等，2001）。

企业运营整合方面：Weber 等（2003）认为公司整合的过程是决定海外并购成功与否的关键环节。东道国与母国在制度、管理模式、文化等方面的差异产生的冲突，会增加企业整合的成本和难度，降低对外直接投资的效率（Weber et al.，2003；孙轶等，2012；宗芳宇等，2012）。中国企业普遍存在国际化经营与管理经验不足、并购整合能力欠缺、海外发展战略规划缺失、横向沟通协作缺失等问题，使得企业在面对国际竞争时或无法把握有利时机或无力与对手抗衡，导致并购或投资的失败，带来大量直接或间接的损失（庞明川，2011；Child et al.，2005；Morck et al.，2008）。另外，对于中国国有企业来说，虽然特有的国有企业制度为其在海外投资竞争中带来一定积极影响，但在投资后的整合中，要脱离长期政企不分的制度环境下形成的集中控制、专制文化以及关系化管理模式（Tsui et al.，2004），适应先进、规范和快节奏的企业管理模式、战略发展定位、治理结构以及人文关系与环境，需要花费大量的精力以及适应和学习成本，而这直接影响着投资并购的效率（Cazurra et al.，2011）。

风险管理方面：海外投资面临着经济、文化、政治等诸多方面的风险，对海外投资与经营效率有较大的影响（Mousa，2002；

张琦，2010）。我国对外进行矿产资源类战略性行业投资时，易遭受发达国家潜在的法律制度风险和环保制度风险、发展中国家的政治制度风险冲击，从而直接影响投资收益（邱立成等，2013）。中国企业普遍对外投资的风险管理意识淡薄、投资风险防范体系缺失，更缺乏有效的风险管理机制，使得无法对风险采取及时有效的应对措施，从而加剧了风险扩散速度、放大了风险影响程度，导致亏损甚至是重大损失的发生（Morck et al.，2008；刘毅等，2012；庞明川，2011）。矿产资源对外投资不仅面临东道国法律制度、政治壁垒、不稳定冲击和环保等并购风险（王启洋等，2013），还面临资本市场波动的风险。金融危机导致的全球商品市场价格波动对我国矿产资源型企业对外投资影响较大，而对错综复杂的金融衍生品市场缺乏足够的风险认识，盲目跟风或投机入市可能造成很大的损失（韩立岩等，2009；Wirth et al.，2013）。

②外因方面

东道国投资壁垒：随着我国企业对外直接投资规模的不断扩大，因遭遇海外投资壁垒而失败的案例逐年增加，投资面临的外部阻力持续增大。海外投资壁垒提高了我国企业对外直接投资的难度，加大了对外直接投资的风险，经营成本不断增加，成为中国企业对外投资失败和亏损的直接或间接原因之一（王启洋等，2013）。尤其是对资金规模庞大、有政府背景的中国国有企业，部分东道国特别是西方发达国家在地方保护主义、“中国威胁论”等的影响下，对中国设置了更为严苛的投资壁垒（薛琰如等，2014）。

资产价格波动：对于资源能源类企业来说，由于资源能源商品与金融属性并存，面临独特的风险，而 Géczy 等（2006）的研究表明没有用衍生品套期保值的公司面临更大的价格波动风险。国有企业对外投资的亏损表面上看是金融危机导致的全球商品市场价格的过度波动，但实际上是因为对行业周期认识不足、对金融衍生产品不熟悉、对国有企业金融衍生品投资的风险管理缺失，使得国有企业尤其是资源类企业多假套保之名、行投机之实，对于错综复杂的国际金融衍生品市场缺乏足够的风险认识，盲目进入市场导致巨额亏损（韩立岩等，2009）。

国内供给过剩需求不足：Chaturvedi 等（2009）认为供给能力与消费者的预期需求存在不确定性时，企业会增加原材料购入水平以及现期商品产出，以确保不丧失市场机会，从而导致产能过剩。而在发展中国家，全社会很容易对有前景的产业产生共识，企业在投资上出现“潮涌现象”导致独立于需求下降的产能过剩。这使得总产能远大于总需求量，而某些行业的企业在产能过剩情况下仍旧盲目扩张，造成投资损失（林毅夫等，2010；苏杭，2015；孙康等，2015）。

2.2.3　对外投资决策相关理论及研究综述

对投资方案进行评估、甄选，最后确定是否投资、何时投资、采取何种方式等即称为投资决策。这里主要对实体投资而非资本投资的理论及文献进行梳理。本书研究的是对外直接投资决策问题，而对外投资决策理论基本是从企业投资决策的一般理论延伸过来的，这是本书进行理论研究及模型构建的基础。因此，这里进行对外投资决策相关理论及研究综述，介绍传统决策理论、实物期权理论和不确定条件下投资决策理论。

（1）传统决策理论

传统决策理论主要包括回收期法、会计收益率法、现金流贴现理论。回收期法以原始投资额回收所需要的时间作为抉择投资方案的依据，其比较的是项目回收期和投资期望回收期，当项目投资回收期小于期望回收期时进行投资。会计收益率法是以投资项目会计利润与原始投资额的比率作为抉择投资方案的依据，当会计收益率大于投资期望收益率时进行投资。现金流贴现理论主要包括净现值（NPV）法、内部报酬率法、现值指数法。净现值法是将项目各期产生现金流折现为初始值，若 NPV>0 则进行投资；内部报酬率法在当内部报酬率大于资本成本率时进行投资，内部报酬率是使投资净现值等于零的报酬率；现值指数法是比较投资项目未来现金流现值与初始投资值之比，大于 1 则可以投资。内部报酬率法和现值指数法与净现值法本质相同，NPV 规则作为新古典投资理论基础，其本质是投资可以进行直到增加的单位资本价值正好等于其成本。

（2）实物期权理论

实物期权（real option）是指把实物资产（real assets）而非金融资产（financial assets）当作标的资产的一类期权。1973 年，Black 和 Scholes 在 Melton 的帮助下构造了期权的动态复制组合，并推导得到风险中性的期权定价技术——著名的 Black-Scholes 模型。美国麻省理工大学的 Myers（1977）将金融期权定价理论引入实物投资领域，实物期权的研究开始得到蓬勃发展。按照实物期权研究的发展轨迹，其先后经历了单个实物期权、复合实物期权和战略期权。单个实物期权主要包括等待期权、增长期权、放弃期权、转换期权等。在单个实物期权研究的基础上，很多学者研究了复合实物期权及其相互依赖性。Geske（1979）首先研究了组合期权定价问题，在此基础上，Trigeorgis（1988）研究了实物期权交互作用的实质，实物期权集合的总价值可能与个别实物期权价值的总和不同。在研究单个实物期权、复合实物期权的基础上，实物期权研究的另一重要领域——战略期权的研究也已起步。Roberts 等（1981）首先提出了在研发项目中战略期权的概念，Baldwin（1982）发现企业面对不可逆转的决策时的最优序投资要求必须有一个正的 NPV 来弥补获取未来投资机会的损失。进而，Baldwin 等（1992）指出传统资本投资决策方法并不能正确评估组织能力。Dixit 等（1995）认为净现值法虽然运用简单，但它隐含了错误的假设，即投资是可逆的，投资是无法递延的，然而大部分的投资是不可逆的，而且是可以递延的。

（3）不确定条件下投资决策理论

传统投资决策理论基于成本和收益原则研究企业投资行为，其他影响投资的因素在决策时点全部通过成本和收益得以集中反应（Jorgenson，1963）。新古典投资理论在投资人理性、信息充分和完全竞争市场等假设下，遵循净现值规则研究企业投资行为，其本质是一种内生决定、确定性决策。然而投资决策面临的环境往往是动态变化的，投资机会和价值会随时调整。在内外生环境不确定性和随机冲击下，企业投资决策需要对信息进行动态研判，以捕捉随机条件下潜在的盈利机会（Franklin et al.，2013）。实物期权理论的提出，成为研究不确定条件下企业投资决策的主流理论。Dixit（1989）等学者将实物期权引入企业跨国投资决策研究。

单因素单个企业决策模型：单因素指决策只考虑市场不确定性，假定其他因素都能通过市场价值表现出来。单个企业指不考虑市场上其他企业的竞争对企业决策的影响，即企业投资决策是独立的，不牵涉与其他企业的博弈问题。McDonald 等（1986）给出投资的成本和收益变化服从动态随机过程的情况下，企业时机的选择问题。Dixit（1989）系统阐释了纳入实物期权企业的投资决策行为。阳军等（2012）研究了在不变产出和可变产出条件下同时选择最优投资时机和投资规模的问题。

单因素多个企业竞争决策模型：依然是考虑单因素企业价值最大化，假定存在其他企业进行竞争（Villani，2008）。Grenadier（1996）研究了完全垄断和双寡头垄断产业组织结构下的房地产市场执行期权战略，Pawlina 等（2006）研究了竞争企业能力不对称的情况下抢占时机者和跟随者的投资决策问题。吴崇等（2013）基于此模型研究了企业不确定性和动态能力互动下企业投资竞争决策。

多因素企业竞争决策模型：除了考虑市场不确定性，还考虑制度、政策和技术不确定性等对投资的影响（Henisz，2000；Franklin et al.，2013）。Dixit（1997）设定线性齐次超模收益函数，研究资本和劳动力两个因素变化的最优投资行为。Eberly 等（1997）给出了投资不可逆多因素不确定的企业投资决策一般模型。Franklin 等（2013）建立期权模型研究技术和需求不确定性下的延期网络投资。王曦等（2010）研究了不确定性条件下中国体制演进、政府介入的投资模型。

在对外投资决策方面基于实物期权模型的研究则主要集中在跨国公司何时进入、选择何种投资模式和如何进行跨国运营三个方面（Buckley et al.，1998；刘彬等，2012）。

何时进入：跨国公司在作出是否进入东道国、投资多少的投资决策前，类似于握着一份期权，等待获得更多信息再进行决策，若形势有利则进入，不利则延迟（Dixit，1989；Bouvard，2014）。Campa（1993）基于实物期权模型研究认为汇率波动、潜在沉没成本和竞争者会影响投资者对投资时机的选择。

投资模式：基于不确定性决策模型，以合资的模式进入东道国本身就赋予外商一种期权，在合作前景好时继续持有，在合作前景不好时则解散合作（Cuypers et al.，2010）。Blanco 等（2014）建立实物期权层次模型研究认为投资模式受到并购经验、科研与广告力度、国家风险等因素的影响。在不确定环境下，选择合资比独资灵活一些（Buckley et al.，1998；Li et al.，2010）。

跨国运营潜在效应影响决策：Kogut 等（1994）认为跨国组织资源、配置资产能有效提升企业对外部环境的适应能力进而会被纳入投资决策。Lee 等（2009）研究发现在多个国家有附属公司，比在单个国家设立多个附属公司，公司价值更高。

2.2.4 文献评述

从目前国内外已有研究成果来看，学者们从不同角度探讨了中国企业对外投资行为和决策，在企业投资动机、投资决策和投资模型方面有较为丰富的成果，为本书研究提供了理论依据和基础。同时，从微观层面研究企业投资行为在国外已不是新问题，但结合中国现象研究企业对外投资行为却是热点问题（Gugler et al.，2008；Deng，2013）。随着中国企业“走出去”步伐加快，仍存在许多问题有待进一步研究，结合中国矿产资源型国有企业特征的对外投资动机、行为研究目前还不足以解决现存问题，支持其对外直接投资实践。传统理论对中国企业“走出去”的解释还较为乏力，同时，中国对外投资的特征也为丰富和拓展新的对外投资理论提供了难得的素材（Child et al.，2005）。

第一，从套利理论来看，金融市场上的套利理论成果丰富，尤其是近年来金融工程领域形成多种复合型套利金融工具和交易策略。其套利原理给了本书研究很大的启发和支撑，但形成矿产资源型国有企业套利的要素已与最原始商品交易的时间、空间套利有了很大不同，其存在于相当复杂的环境背景中，直接沿用原始套利理论显然已经不能满足不断变化的套利需求；同时金融市场的套利虽涵盖了资本市场的复杂性，但缺乏对实体属性的描述，更缺失对矿产资源型国有企业特有属性的体现，不能直接套用。虽然现有的制度套利研究为本书提供了很好的思路和理论支撑，但现有制度套利研究较少且不成体系，多集中在针对不同国家制度差异而形成或针对国内对原国有企业并购的问题上，并且多仅停留在概念层面，与本书研究的制度套利的着眼点与原理均不相同。因此，在商品交易套利、金融市场套利机制和原理的基础上，需要形成囊括实体经济属性、矿产资源型国有企业特有属性和复杂套利环境及机制的套利理论框架。

第二，从对外投资动机来看，现有对外投资理论和文献研究主要还是从实体属性方面谈投资动机，如获取市场、资源、技术等，而从矿产资源的金融属性、国有企业所有制优势角度谈投资动机的还不丰富。同时，从套利动机的角度来看，虽然目前研究中企业价值低估、获取制度差异和国有企业高管自利动机等研究与本书有一定的关联性，但其或者是针对国有企业管理而言或是仅从市场制度差异而言，仍没有形成较为完善的、多因素交织的国有企业对外直接投资套利动机的理论体系，也没有系统研究企业对外投资的套利动机、风险及其影响。而异质性理论虽然关注到了异质企业投资行为差异，但其研究的企业异质性主要从生产率差异而非企业本身所有制差异出发，涉及企业所有权的研究主要针对投资方式差异而非不同所有制属性下投资动机差异，而对于国有企业投资区位决策的研究主要针对路径选择方式而非不同投资动机下投资区位的特征差异，与本书的出发点及落脚点都有很大不同，且其微观层面的研究并非针对中国矿产资源型企业，因而也难以体现其所具有的在特殊属性下形成的套利动机。

第三，从国有企业对外投资来看，一方面，在国有企业治理研究方面，研究国有企业投资效率的文献十分丰富，但多是从企业管理角度结合了国有企业属性，从管理者委托代理关系、投资效率及约束激励机制等企业内部机制入手分析投资中的问题，没有结合矿产资源属性，也没有结合对外投资所处的不确定性投资环境及约束。另一方面，在对外直接投资研究方面，虽然关于对外投资失败和亏损成因的成果已非常丰富，关注了市场波动、投资环境风险等，但与行业属性、国有企业特征结合得还不够，仍需基于环境约束，从矿产型国有企业投资套利视角解释投资失败和亏损问题。

第四，从对外投资决策理论来看，在企业投资决策领域已经有丰富和较为完善的理论体系，以 Dixit 为代表的基于实物期权的不确定性企业跨国投资决策模型是本书研究的理论基础，其在传统 NPV 模型上，将实物期权考虑其中，纳入了成本、利率等不确定性，适用于本书不确定性条件下的投资决策研究。但该模型主要从市场不确定性着手，虽然近年来的研究将制度不确定性也纳入决策范畴，但该模型并非针对矿产资源型国有企业提出，矿产资源及国有企业的诸多特性带来的套利所产生的成本、资产价值等不确定性无法完全用现有模型解释。这需要在传统不确定性决策中纳入套利动机需求，考虑更多风险要素。同时，在对外直接投资领域进行投资决策问题的研究与单纯的企业投资决策的出发点和落脚点有所不同，需进一步对决策的宏观战略性进行讨论和分析，从而丰富和完善中国对外直接投资理论。

中国企业对外投资快速发展为丰富和拓展新的对外投资理论

提供了难得的素材（Child et al.，2005；Deng，2013）。随着中国企业“走出去”步伐加快，仍存在许多问题有待进一步研究。如何基于矿产资源的行业属性、国有企业的制度特征和特定的环境研究对外投资，对于丰富对外投资理论有着重要的意义。因此，本书将立足于中国矿产资源型国有企业对外直接投资的现状、动态趋势和问题，以基于实物期权的不确定性投资决策方法为理论基础，将套利动机及风险纳入决策范畴，构建考虑矿产资源属性、国有企业属性，基于套利动机下的多因素不确定性决策模型。以期用金融工程领域的方法论丰富和完善对外直接投资领域的理论体系，解决中国对外直接投资领域的实际问题；从企业投资决策的微观层面出发，解决中国对外直接投资中宏观层面的问题，从而对中国对外投资的理论与实践产生一定的现实意义。

2.3　本章小结

本章首先回顾了相关理论及研究成果，主要对套利基本理论进行综述；对对外直接投资动机基本理论与研究进行综述，包括对外投资动机理论、中国对外投资动机研究、中国国有企业对外投资研究的成果；对企业投资决策理论和研究进行综述，包括传统企业投资决策理论、基于实物期权投资的决策以及不确定条件下的投资决策理论。随后，进行文献评述，认为现有研究给本书研究提供了理论依据和支撑，但仍不能完全解释当前中国矿产资源型国有企业对外投资过程中套利动机对投资决策的影响及存在的问题。基于此，本书以基于实物期权的不确定性投资决策方法为理论基础，将套利动机及风险纳入决策范畴，构建考虑矿产资源属性、国有企业属性，基于套利动机的多因素不确定性决策模型，具有一定的实践指导意义和理论价值。

第3章　中国矿产资源型企业对外直接投资现状及问题分析

3.1　中国矿产资源现状概述

中国矿产资源丰富，已探明的矿产资源约占世界总量的12%，居世界第3位。迄今为止，共发现矿产171种，其中探明储量的矿产158种（能源矿产10种、黑色金属矿产5种、有色金属矿产41种、贵重金属矿产8种、非金属矿产91种、水气矿产3种）。中国已成为世界上矿产资源总量丰富、矿种比较齐全、配套程度较高的少数国家之一。从探明储量来看，中国45种主要矿产中有25种储量居世界前3位，12种居世界第1位。截至2013年年底中国主要矿产资源查明储量如表3-1所示。

表3-1　2013年年底中国主要矿产资源查明储量

矿种	查明储量	矿种	查明储量
煤炭	14842.9亿吨	锌矿	13737.7金属万吨
石油	33.7亿吨	钨矿	701.4 WO_3 万吨
天然气	4.6万亿立方米	锡矿	425.5金属万吨

续表

矿种	查明储量	矿种	查明储量
铁矿	798.5 矿石亿吨	钼矿	2620.2 金属万吨
铜矿	9111.9 金属万吨	金矿	8974.7 金属吨
铝土矿	40.2 矿石亿吨	硫铁矿	56.9 矿石亿吨
铅矿	6737.2 金属万吨	磷矿	205.7 矿石亿吨

数据来源：2014 年中国国土资源公报。

虽然中国矿产资源种类丰富、总量大，但人均占有量仅为世界的 58%，人均占有量较少，排在世界第 53 位。同时，中国矿产资源存在资源禀赋差、分布不均匀、结构不理想的问题，矿产资源供需矛盾突出、缺口大。

从结构来看，中国一般性矿产资源丰富，但战略性矿产资源储量不足，如钨、稀土、锑等储量居世界前列但使用量并不大，而工业化发展中大量需求的油气、富铁矿、铜等储量不足。

从分布上看，中西部地区集中了全国总储量 45%以上的石油、天然气以及 75%以上的煤、铝土、钨、金、稀土、硫铁、钠盐、钾盐、磷；50%的铁矿集中在鞍山—本溪、冀东、攀枝花；长江中下游、西藏玉龙、江西德兴、山西中条山、甘肃白银、黑龙江多宝山 6 个地方集中了全国总储量 75%的铜；97%的轻稀土金属集中在内蒙古白云鄂博；轻稀土和重稀土 95%的储量都集中在内蒙古白云鄂博和江西赣州；内蒙古、陕西和山西则集中了全国 64%以上的煤；80%的磷矿集中在云南、贵州、四川、湖北和湖南 5 省。矿产资源的分布不均匀加上西部地区地理环境复杂，大大增加了开采、运输等成本。

从资源禀赋上看，中国的小矿、贫矿、难选矿、伴生矿多，开发利用难度大，利用成本高。如铁矿总储量的 95%基本为贫矿，难以直接开发利用，平均品位约为 33%，低于全球平均水平 10 个百分点以上。

从供需上看，矿产资源的供需矛盾依旧突出，战略性资源缺口大。中国总能源、原煤、石油、粗钢、精炼铜、电解铝等矿产资源消费量均位于世界前列。2013 年精铜消费量 820. 0 万吨，供应量 617. 9 万吨；石油缺口更为明显，从 2010 年开始石油消费量逐年攀升，供需矛盾逐渐增大，如图 3-1 所示。

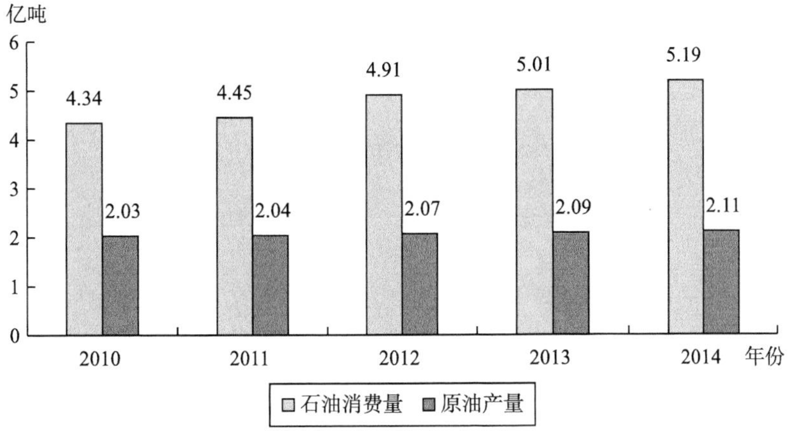

图 3-1　2010—2014 年中国石油生产量与消费量变化情况

数据来源：2014 年中国国土资源公报。

从当前中国经济发展和工业化进程来看，中国已进入工业化发展中后期，中国矿产资源支撑宏观经济的重要性不言而喻。据预测，中国目前已探明储量矿产中的 45 种主要矿产，到 2020 年仅有 9 种可以满足需求，未来 10~15 年中国对矿产品的刚性需求仍是高速增长的，对矿产品的需求空间还十分巨大。同时，工业周期发展的不同阶段对不同矿产资源的需求也有变化，如

图 3-2 所示。再加上全球化进程不断推进，各国对全球矿产资源的抢占与竞争十分激烈，中国矿产资源的对外投资是不可避免的，也是十分必要和重要的。

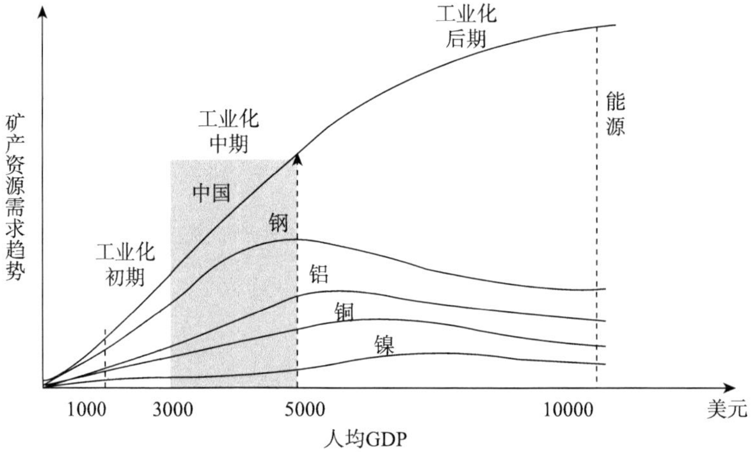

图 3-2 工业化发展与矿产资源消费需求趋势

3.2 中国矿产资源型企业对外直接投资发展历程

3.2.1 开端（1994 年以前）

20 世纪八九十年代处于全球第四次并购浪潮阶段，中国在这个时期有零星对外投资。1992 年首钢收购了秘鲁铁矿公司 98.4% 的股份，成为成功并购外国公司的第一家中国国有企业。但这个时期中国矿产资源基本自足，改革开放还未真正落实，也未认识到布局海外矿产资源的重要意义，中国对对外投资的政策支持力度不大。因此，中国基本未参与此次并购浪潮，错失资源全球化分配与布局的先机。直到1993年中国签订石油进口协议，才打破中国石油净出口的局面。同时，1993年年底，中央财经领导小组会议中提出利用国外油气资源弥补国内不足的思路。

该时期中国矿产资源对外直接投资的特点：①投资数量极少、规模小，仅有零星投资。②从投资主体上看，投资主体仅限少数大型央企。③从资源品种上看，主要局限在能源上，对金属矿产的投资少之又少。④从投资区域上看，投资仅涉及一些经济十分落后的地区（如非洲、南美洲等）。⑤中国矿产资源对外直接投资基本还未起步，对国际和国内经济基本不造成影响。

3.2.2　起步阶段（1994—2000年）

从能源需求上看，1994年中国已由石油净出口国变为净进口国，经济发展及能源供给趋势决定仅靠国内资源供给是难以满足需求的。从经济环境及政策导向上看，受欧美等国以资源并购为主流的第五次全球并购浪潮影响，中央及时调整思路，并于1997年提出“走出去”的思路，中国矿产资源对外投资进入起步阶段。1995年中国有色在澳大利亚设立全资控股子公司，成为中国在海外的首个矿产资源类投资平台。

这一时期中国矿产资源对外直接投资的特点：①投资规模和数量增多，该时期投资在数量和规模上较前一阶段都有所增多。②从投资主体上看，投资的主力依然是中石油、中海油、中国石化等大型央企。③从投资品种上看，投资仍集中在能源领域，鲜有金属矿产投资。④从投资区域上看，投资区域有明显扩展，南美、非洲依然是主要分布区域，中亚也成为主要投资区域，同时对欧美发达国家市场有所涉及。⑤该阶段中国矿产资源对外直接投资还不成气候，在国际和国内产生的影响都十分有限。

3.2.3 快速增长阶段（2001—2004 年）

从国内经济发展需求看，随着改革开放的不断推进，中国经济飞速发展，这一时期迎来新一轮经济高速增长，能源的供需矛盾日益凸显，中国成为世界第二大石油消费国，对外寻求资源成为中国经济发展不可避免的途径之一。从全球经济环境及国内政策导向上看，经济全球化进程不断推进，2001 年中国加入 WTO，迅速融入全球化浪潮中；同年发布的《国民经济和社会发展第十个五年计划纲要》明确提出全面实施“走出去”战略，将“走出去”上升到国家战略层面，并在政策、制度等方面予以大力支持。对于矿产资源的对外投资，2003 年国家发展改革委在确立的“国家鼓励境外投资重点项目”政策中明确支持央企在“能弥补国内资源相对不足的境外资源开发类项目”的海外投资；同年国资委成立，改制后的央企为寻求自身出路启动大规模对外直接投资。中石油、中海油等大型央企纷纷设立国际勘探开发或资产并购机构，专门从事对外直接投资事宜。

这一时期中国矿产资源对外直接投资特点：①投资数量明显增多，形成大规模投资。②专门的海外投资部门形成，投资初现专业化。③从投资品种上看，仍以能源为主，但金属矿产的投资明显增加；投资主体仍以大型央企为主，但地方国有企业已开始逐渐参与投资。④从投资区域上看，形成多元化趋势，在各大洲均有项目涉及，但在亚洲和大洋洲较为集中。⑤该时期中国矿产资源企业对外直接投资的活跃态势形成不容忽视的力量，在矿产资源的全球整合与重新分配过程中形成一定的话语权。

3.2.4　突破性增长阶段（2005 年至全球金融危机前）

从国际经济政治环境来看，对矿产资源的抢夺和控制空前激烈，且主要发达国家和大型跨国矿业公司控制了全球大部分的战略性矿产资源，并试图以此谋取政治利益或实现政治目的。同时，由于以中国为主的新兴经济体的需求推动，2005 年全球大宗商品价格持续大幅上涨，并被评价为 20 世纪影响最深远的一次价格上涨。中国矿产资源型企业面临更为复杂的国际环境和国内利润空间的挤占，除了保障国家资源安全的使命，更加剧了国有企业通过占领海外矿产资源份额扩大利润空间的期望。从国内经济需求来看，中国国内经济高速发展对矿产资源的强劲需求，使矿产资源供需矛盾明显尖锐，对外依存度持续上升。从国内政策导向来看，中国矿产资源对外依存度的不断提高和国际能源市场的复杂态势，使得中国政府更加意识到国内资源安全的压力，并在2006年的政府工作报告中强调“进一步扩大对外开放，更好地利用国内外两个市场、两种资源”。

这一时期中国矿产资源对外直接投资的特点：①投资规模和数量都很庞大，2005年首次出现了大体量海外矿产资源直接投资，当年矿产资源海外收购额占全部行业的61.43%。②从投资主体上看，并购主体仍为大型资源型国有企业，但非国有企业也加入矿产资源的对外直接投资中。③从投资品种上看，海外金属矿产资源投资数量已经超过了能源。④从投资区域上看，涵盖各大洲，但集中投资区域已经转向发达国家，以加拿大和澳大利亚最为集中。⑤该时期中国企业对外直接投资已经积累部分经验，投资更为专业化。⑥在该时期中国矿产资源对外直接投资风起云涌，真正影响了中国矿产资源的全球化布局。

3.2.5 爆发式增长阶段（全球金融危机爆发后至2009年）

从全球经济环境来看，全球金融危机的爆发给许多国家的经济带来了影响，尤其是发达国家，经济受到重创，许多矿产资源型企业价值波动剧烈，资产价格大幅下跌，部分企业面临破产，以前强势的矿产资源型跨国企业实力也大大削弱。而中国受到的影响相对较小，国有企业更是有雄厚的资金支持，这就给中国矿产资源型国有企业创造了十分难得的投资机遇。从国内政策来看，2009年政府工作报告中明确指出“支持各类有条件的企业对外投资和开展跨国并购，充分发挥大型企业在‘走出去’中的主力军作用”，并给予对外投资企业在金融上更多的支持。同时，国资委、商务部等部门也纷纷出台支持企业对外直接投资的措施。金融危机后中国矿产资源型对外直接投资呈爆发式增长，呈现井喷态势，到 2009 年达到峰值。

这一时期中国矿产资源型企业对外直接投资的特点：①数量和规模庞大，该时期中国矿产资源型企业对外投资十分密集，规模也十分庞大。②从投资区域上看，投资区域十分集中，多分布于发达区域，主要集中在大洋洲的澳大利亚，其次是北美洲、欧洲以及中亚地区。③从投资主体上看，投资主体中大型国有企业依然处于绝对主力地位，但民营企业的数量也有了明显增长，同时主权财富基金、国家投资公司等也参与其中，投资主体呈现多元化特征。④从投资品种上看，金属矿产资源投资比例大大提升，该时期集中投资于澳大利亚的项目多为金属矿产资源投资。⑤投资更为复杂、风险较高的项目，在投资风险较高的能源项目时采用联合投资方式，除了投资上游产业也涉及中下游产业。同时，该时期的并购从参股向控股转变，是中国矿产资源对外直接投资进程中的一个进步。⑥在国家政策的支持下，金融支持力度加大，除政策性银行外，2009 年国有商业银行加入海外投资的行列。⑦从数量、规模到质量，该时期中国矿产资源对外直接投资都达到一个高峰，对全球贸易格局及投资格局等产生较大影响。

3.2.6 平稳发展阶段（2010年以后）

随着经济的恢复，矿产资源价格回升，许多被低估的企业价值也有所升高，中国矿产资源型企业对外直接投资与之前的狂热相比有所回落。同时，在之前急速增长的投资中不乏跟风、盲目投资，部分项目不符合企业发展战略，部分项目复杂程度高、风险大，带来了许多问题。2010年国务院国资委下达《关于开展中央企业对外并购事项专项检查的通知》，要求央企对海外并购项目进行自查上报。总体来说，该阶段中国矿产资源对外直接投资发展较为平稳。2013年，“一带一路”倡议的提出，为利用地缘优势进行矿产资源的全球化布局提供了新的机遇和广阔的空间。

该时期中国矿产资源对外直接投资的特点是：投资数量和规模有所回落，但在欧债危机后又出现小幅上涨，总体来说保持了较大的投资体量并平稳发展，没有大起大落的情况和趋势。投资区域、品种等其他方面与前期区别不大。值得注意的是，在前期的“投资热”之后，开始关注投资风险等问题。

总体来看，中国矿产资源对外直接投资特征表现为：投资数量和规模不断扩大，投资区域由经济落后地区向发达地区拓展，投资品种金属矿产资源投资由少到多，投资主体呈现出由央企独大到地方国有企业参与再到民营企业参与的多元化投资主体格局。

3.3　中国矿产资源型企业对外直接投资规律与特征

3.3.1　投资数量与规模

本书通过对 Zephyr 数据库和 Wind 数据库①关于中国矿产资源对外直接投资项目的整理和筛选，对 2001—2014 年的项目进行统计分析。已披露的投资项目共 457 项，披露金额的 379 项，总金额超过 2000 亿美元。② 各年投资项目数及投资金额走势如图 3-3 所示，从 2001 年国家实施“走出去”战略以来，中国矿产资源对外直接投资呈总体上升趋势。2005 年开始出现较大规模的对外投资，项目投资数量和金额都明显提高，到 2008 年出现爆发式增长，形成一股矿产资源对外直接投资的热潮，并在 2009 年达到峰值，在数量和金额上超过 2005 年的 3 倍。2010 年开始投资规模有所回落，然而到 2012 年投资金额又有明显上升，投资项目数相对平稳。从矿产资源对外投资的趋势特征不难发现，其走势明显受国际市场环境影响。两次明显的投资上涨分别出现在 2007—2008 年上半年全球金融危机以后和 2010—2011 年欧债危机以后。两次危

① Zephyr 数据库网址：https://zephyr.bvdinfo.com/version-2015121/Home.serv?product=zephyrneo，数据库资源来自昆明理工大学图书馆；Wind 数据库由笔者所在研究团队购买，从电脑客户端筛选数据。

② 文中所用项目除了包括已完成项目外，还包括已经宣布开始进行和已签订协议的矿产资源类相关投资，故在规模上与官方对外投资统计公报采矿业的统计有所差异。

机对西方发达国家的经济影响甚大，致使其许多企业价值缩水。在危机中，一方面许多大型跨国企业受危机冲击实力削弱，另一方面为了尽快恢复经济，发达国家对外资投资尤其是中国的投资放低了门槛、降低了警惕。这些可能存在的原因使得两次危机后矿产资源对外直接投资的数量及规模明显上升，可见此类经济环境的外部冲击给中国企业带来了大规模投资的机会和可能。

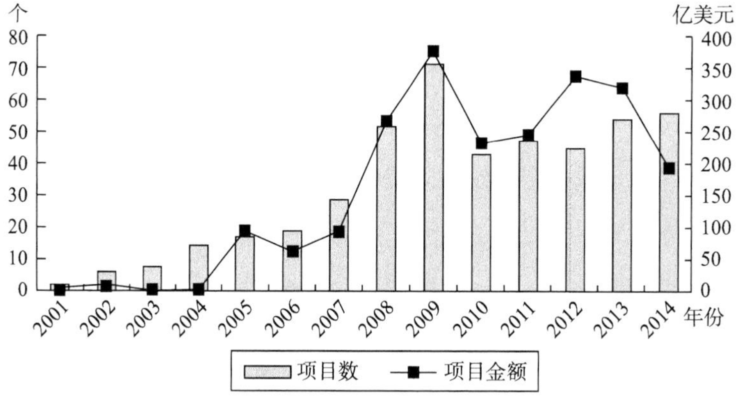

图 3-3　2001—2014 年中国矿产资源对外直接投资项目走势

数据来源：Zephyr 数据库和 Wind 数据库项目数据。

从项目规模上看，单项项目最大金额达到 151 亿美元，① 50 亿美元以上的项目有 12 项，而 1 亿美元以下的项目有 224 项。图 3-4 给出了除未披露投资金额项目外不同项目额度百分比分布情况，进一步统计可以看出，1 亿美元以下的项目占总数的 59%，5 亿美元以上的项目占 23%，10 亿美元以上的项目占

① 本书在进行投资金额统计分析时均采用以 2000 年美元不变价格进行平减处理后的金额，但在引用某一项目金额为案例描述时采用其当年公布的美元现值，后文不再赘述。

15%，50 亿美元以上的项目占 3%。2005 年以后较大规模的投资开始出现，50 亿美元以上的大型项目出现，2008 年以后规模较大的项目逐渐增多。2008 年中国铝业联合美国铝业公司斥资 140.5 亿美元收购力拓的英国上市公司 12%的股份，这次并购的成功使得中国矿产资源对外直接投资进入百亿美元行列。2012 年中海油斥资 151 亿美元收购加拿大尼克森公司，创下矿产资源收购金额纪录。总体上中国矿产资源对外直接投资规模较小的项目比例较大，占总体数量的一半以上，中国矿产资源型企业在海外市场上大型项目中的竞争力有待进一步提高。但不容忽视的是大中型项目也占据了相当的比例，且具备较高的发展水平和速度。

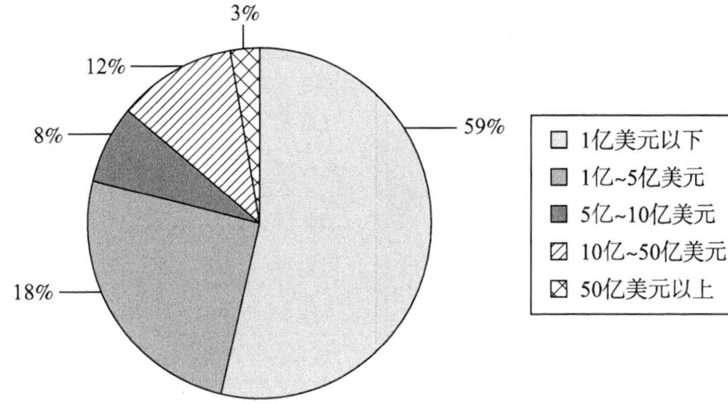

图 3-4　2001—2014 年中国矿产资源对外直接投资项目不同额度占比

数据来源：Zephyr 数据库和 Wind 数据库项目数据。

3.3.2　投资区域分布

中国矿产资源对外直接投资按项目多少依次分布在大洋洲、亚洲、北美洲、欧洲、其他群岛（开曼群岛、百慕大群岛和英属维尔京群岛)、[①] 拉丁美洲和非洲。各洲项目投资数分布如表 3-2 所示。从表 3-2 来看，除了各个群岛，投资项目数最多的是大洋洲和亚洲，分别为 112 项和 95 项，占总投资数的 25%和 21%，其次超过总数 10%的区域为北美洲、欧洲，而拉丁美洲和非洲投资项目数较少，均在 10%以下。但从投资金额来看，投资金额从多到少区域的排名依次是欧洲、北美洲、拉丁美洲、亚洲、大洋洲、非洲。另外，不难发现，投资项目数排名前 2 的大洋洲和亚洲投资金额排名靠后，而拉丁美洲情况却相反。从平均值来看，投资欧洲和拉丁美洲的大项目较多，而大洋洲的投资数量多但大规模项目偏少。

表 3-2　2001—2014 年中国矿产资源对外直接投资区域分布

投资区域	投资项目数/个	占比/%	投资金额/亿美元	占比/%	项目平均额[1]/亿美元
大洋洲	112	25	287.63	12.86	2.77
亚洲	95	21	318.53	14.25	4.55
北美洲	80	18	415.24	18.57	5.69
欧洲	66	14	666.5	29.80	13.33
群岛	38	8	75.94	3.44	2.26
拉丁美洲	43	9	366.15	16.37	11.10
非洲	23	5	105.46	4.71	5.86
合计	457	100	2236.45	100	4.83

注：1. 按表格顺序各地区未披露金额的项目数分别为 8 项、26 项、9 项、15 项、5 项、10 项、5 项，故在统计投资总金额和平均金额时将这些项目排除，但在统计投资数时仍计算在内。

数据来源：Zephyr 数据库和 Wind 数据库项目数据。

① 这里向各群岛投资的总和占总投资数的 10%，但因这些地区与其他地区政治制度等方面差异较大，且投资具有相似的避税目的，故这里仅将其合并为“其他群岛”列出但不再作进一步分析。

具体从国家层面来看，中国矿产资源对外直接投资分布在 71 个国家和地区。投资在大洋洲的项目均集中在澳大利亚；投资在亚洲的项目分布较分散，在中国香港、哈萨克斯坦、印度尼西亚和新加坡的项目相对较多，分别为 24 项、10 项、9 项、9 项，其他国家均在 8 项以下，但总体上看，项目基本集中在中亚、东南亚和西亚；北美洲的投资近 80%集中在加拿大，其他分布在美国；欧洲的投资分布在英国和俄罗斯的较多，分别为 20 项和 14 项，其他国家均在 6 项以下；拉丁美洲的投资在巴西的集中度较高，有 13 个项目，其他国家项目数均在 6 项以下；而非洲投资项目相对较少且分布较为分散，没有 10 项以上的国家，分布在南非的项目相对较多，为 6 项。表 3–3 中列出投资项目数排名前 10 的国家和地区依次为澳大利亚、加拿大、中国香港、英国、美国、俄罗斯、巴西、哈萨克斯坦、印度尼西亚和新加坡。而从投资金额来看，按规模从大到小排序依次为加拿大、澳大利亚、英国、巴西、俄罗斯、印度尼西亚、哈萨克斯坦、中国香港、美国、新加坡。而从项目平均值来看，巴西、俄罗斯、英国的单项项目规模较大，在 10 亿美元以上，其次是印度尼西亚、哈萨克斯坦和加拿大，在 5 亿美元以上，其他国家或地区的项目规模相对较小。从总体上看，统计可得，71 个国家或地区中仅有 1 项投资项目的有 29 个，投资数量前 10 名的国家或地区的项目数总和超过全部项目数的 63%，其投资金额超过总投资金额的 66%。可见，中国矿产资源对外直接投资的区域集中度很高，澳大利亚和加拿大的集中度尤高，但同时也不难发现，澳大利亚虽然是投资的热门地区但项目规模都偏小，可能是投资过热导致了东道国对中国企业投资限制的提高或者是因为竞争激烈而企业实力不足。

表 3-3　2001—2014 年中国矿产资源对外直接投资国家与地区分布

投资国家或地区	投资项目数/个	占比/%	投资金额/亿美元	占比/%	项目平均额[1]/亿美元
澳大利亚	112	24.51	287.63	12.86	2.77
加拿大	62	13.57	368.95	16.5	6.36
中国香港	24	5.25	47.95	2.15	2.52
英国	20	4.38	211.27	9.45	12.42
美国	18	3.94	47.28	2.11	3.15
俄罗斯	14	3.06	171.15	7.65	14.26
巴西	13	2.84	210.72	9.42	21.07
哈萨克斯坦	10	2.19	61.16	2.74	7.65
印度尼西亚	9	1.97	64.88	2.9	9.27
新加坡	9	1.97	17.3	0.77	2.16
合计	291	63.67	1488.29	66.55	5.08

注：1. 按表格顺序各国家未披露金额的项目数分别为 8 项、4 项、6 项、3 项、4 项、2 项、3 项、2 项、2 项、1 项，故在统计投资总金额和平均金额时将这些项目排除，但在统计投资数时仍计算在内。

数据来源：Zephyr 数据库和 Wind 数据库项目数据。

3.3.3　投资品种分布

中国矿产资源对外直接投资品种主要分为能源和金属。能源的投资涉及石油、天然气和煤 3 种资源，但 95%以上的项目为石油，只有少数非石油项目。金属的投资主要涉及黑色金属和有色金属，投资黑色金属的项目中除了 1 项为锰、1 项为铬，其余项目均为铁；有色金属的投资涉及 15 种金属，包括轻金属镁、铝，重金属铜、镍、锌、锑、锡、铅，稀有金属锂、钼、钨、钛、稀土，以及贵金属金、铂。不同矿产资源品种的投资项目数比例如图 3-5 所示。金属品种的投资总数超过能源，但从单项品种来看石油仍然是投资最多的品种。在金属投资中，有色金属的总和比黑色金属等多，如图 3-6 所示。但从单项品种看，铁的投资数超出其他金属数倍，占总投资数的近 40%，而有色金属中

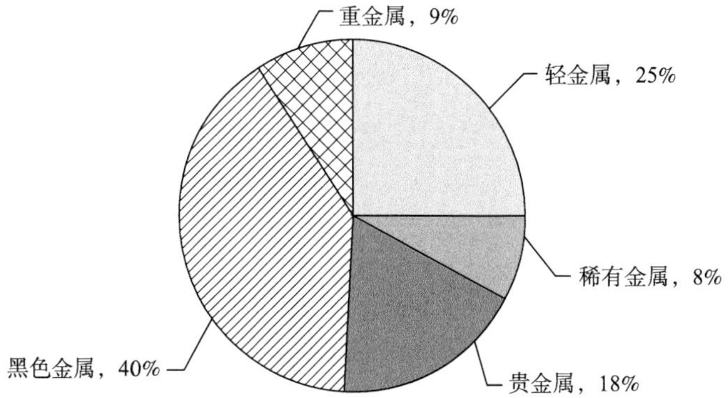

图 3-5　不同矿产资源品种投资项目数比例

数据来源：Zephyr 数据库和 Wind 数据库项目数据。

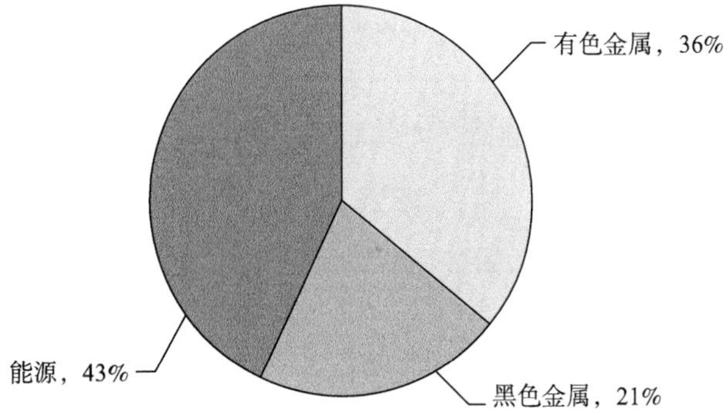

图 3-6　不同金属品种投资项目数比例

数据来源：Zephyr 数据库和 Wind 数据库项目数据。

重金属的投资数最多，其次是贵金属，按细分品种看，有色金属中投资数超过 10 项的依次为金、铝、镍、铜，而投资金额最多的则为铝。

从投资时间上看，金属和能源各年投资数量及比例如图 3-7 所示，能源和金属的投资数量从 2001 年开始均基本呈上升趋势，除了 2001 年的零星投资外，2006 年以前投资在能源领域的项目较多，2007 年以后对金属的投资明显超过能源。同时不难看出，2009 年对外投资的爆发性增长主要集中在金属项目上。

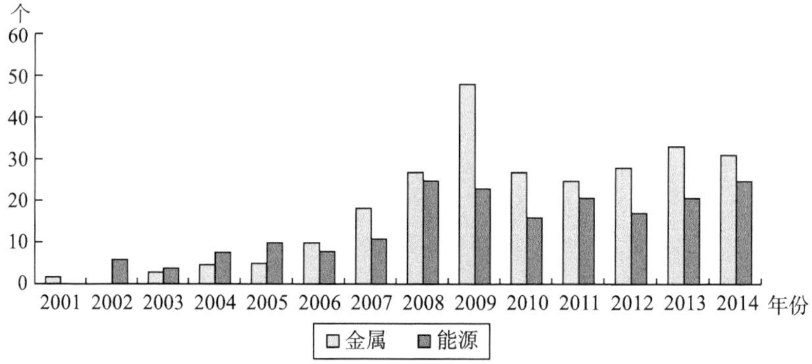

图 3-7 2001—2014 年中国矿产资源对外直接投资品种分布

数据来源：Zephyr 数据库和 Wind 数据库项目数据。

从投资金额上看，能源投资总额为 1706. 80 亿美元，项目平均金额为 10. 1 亿美元；铁的投资总额为 190. 83 亿美元，项目平均金额为 2. 33 亿美元；有色金属投资总额为 338. 82 亿美元，项目平均投资金额为 2. 4 亿美元。能源项目的规模都比较大，这也是许多大型能源项目都由中国企业与国外大型跨国企业联合发起的重要原因之一。有色金属与铁的项目平均金额相差不大。具体投资规模分布如表 3-4 所示。

表3-4 不同矿产资源品种投资金额分布

投资品种	1亿美元以下项目数/个	1亿~5亿美元项目数/个	5亿~10亿美元项目数/个	10亿美元以上项目数/个	总金额/亿美元	平均金额[1]/亿美元
能源	57	30	22	49	1706.80	10.1
铁	59	18	1	4	190.83	2.33
有色金属	108	19	6	7	338.82	2.4

注：1. 投资能源的项目有37个未披露金额，投资铁的项目有15个未披露金额，投资有色金属的项目有26个未披露金额，故在统计投资总金额和平均金额时将这些项目排除，但在统计投资项目数时仍计算在内。

数据来源：Zephyr数据库和Wind数据库项目数据。

3.3.4 投资主体分布

中国矿产资源对外直接投资的投资主体为：中央企业、① 地方国有企业和民营企业，其投资数目占比分别为51%、33%和16%，其各年份投资数目如图3-8所示。

（1）中央企业对外直接投资

2001—2014年中央企业对外直接投资总金额为1989.1亿美元，占总投资额的88.94%，投资项目共235项，占总投资项目数的51%，项目平均投资金额为11.05亿美元。由图3-8不难看出，中央企业是中国矿产资源对外直接投资的绝对主力，且起步最早。中央企业一般规模很大同时有强大的国家资金支持，对外投资的实力雄厚，并享有诸多国家优惠政策。因此，大型投资项目基本由央企发起。从投资时间上看，2009年出现最大规模的增长，可

① 主权财富基金进行的矿产资源对外直接投资项目有15起，鉴于其运作资本为国家外汇资金，为使统计简洁、明晰、全面，将其归类到性质相似的矿产资源型中央企业中。

见前文所述金融危机后井喷式的投资增长主要由中央企业拉动。

（2）地方国有企业对外直接投资

2001—2014年地方国有企业对外直接投资总金额为186.8亿美元，占总投资额的8.36%，投资项目数149项，占总投资项目的33%，项目平均投资金额为1.38亿美元。虽然在资金优势和政府支持上与中央企业难以比拟，但相对于非国有企业，地方国有企业仍具有非常明显的资金易得性和政策上的诸多倾斜。尤其是“走出去”战略实施以来，地方国有企业的对外投资行为与地方经济和政府业绩联系密切，得到了地方政府的大力支持。由图3-8可以看出，在2012年以前矿产资源型地方国有企业对外直接投资的规模远远超过民营企业，且比民营企业更早进行海外投资。

（3）民营企业对外直接投资

2001—2014年矿产资源民营企业对外直接投资金额为60.55亿美元，占总投资金额的2.7%，投资项目数73项，占投资总项目数的16%，项目平均投资金额为0.93亿美元。① 相对于国有企业，民营企业在矿产资源对外直接投资中显然不占优势，总体投资规模最小，且起步最晚，到2006年民企才开始成功进行对外投资。但从各年的走势不难看出，民营企业在矿产资源对外直接投资中所占比重越来越大，尤其是2012年以后，国有企业对外直接投资的规模相对稳定，而民营企业却大幅上升。利润的驱使

① 中央企业有55项投资未披露金额，地方国有企业有15项投资未披露金额，民营企业有8项未披露金额，在计算总金额与平均金额时将这些项目排除在外，但计算项目数时仍计算在内。

以及成熟的市场环境吸引着越来越多的中国民营企业赴海外发展，由图 3-8 可以看出 2013—2014 年民营企业的海外投资大幅度增长。

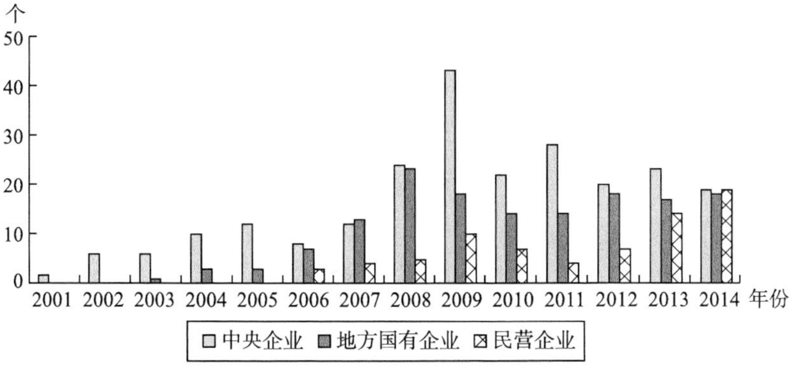

图 3-8　2001—2014 年中国矿产资源对外直接投资主体所有制性质分布

数据来源：Zephyr 数据库和 Wind 数据库项目数据。

3.3.5　对外直接投资失败与亏损情况

“走出去”战略实施以来中国矿产资源型企业对外直接投资规模扩大，积累了许多经验，有不少成功的案例，但中国矿产资源企业尤其是国有企业对外直接投资热情高涨的同时整体收效却不容乐观，面临的投资环境比较艰难，投资失败的情况屡见不鲜，投资亏损情况更不容忽视。据中国矿业联合会统计，随着购矿规模增大，矿业项目投资亏损比例达到 80%，部分项目濒临失败，境遇堪忧。表 3-5 和表 3-6 分别显示了通过对披露项目整理得到的 2002—2014 年中国矿产资源型企业对外直接投资失败的项目和亏损的项目。①

如表 3-5 所示，经搜集统计得到 27 项中国矿产资源型企业对外投资失败项目。从失败类型来看，有 18 项是政治原因导致的失败，占所有失败项目的 67%；有 6 项是竞争对手介入带来竞价压力或进行排挤阻挠导致的失败，占所有失败项目的 22%；有 2 项是违反了相关投资规则而不能通过东道国批准导致的投资失败；有 1 项是市场条件变化导致企业自身对投资需求的变化而使投资夭折。可见政治原因是中国矿产资源型企业对外直接投资失败的最主要原因，而投资的失败主要集中在发达国家和地区，尤其是澳大利亚。一方面，矿产资源本身就是战略性资源，而中国矿产资源对外投资多由国有企业进行，使得许多国家对其投资目的产生怀疑，而遭到东道国阻碍。另一方面，中国不断崛起的姿态和在全球经济中的活跃表现，引起许多国家的警惕，尤其是西方发达国家，使得“中国威胁论”甚嚣尘上，地方保护主义不断抬头，担心中国的强大形成某些领域的垄断威胁其经济地位，从而对中国投资加以阻挠。

而从投资国家来看，投资失败率最高的地区为澳大利亚和美国，分别为 8 项和 5 项，分别占总失败项目的 30%和 19%，其次是加拿大，为 3 项，英国、西班牙、俄罗斯均为 2 项，亚洲共 4 项，非洲 1 项。总体来看，发达国家失败项目为 20 项，占总失败项目的 74%。这也更印证了上述对项目投资失败原因的分析。

---

① 因信息披露不完全性，并非所有投资失败和亏损项目都有信息披露，表 3-5 和表 3-6 所列出项目为有明确信息披露的，但可能并不能够涵盖全部的投资失败与亏损项目。

澳大利亚和加拿大矿产资源丰富、对外资的管制也相对宽松，因此中国矿产资源企业在澳大利亚和加拿大的投资也远远高于其他地区，但大规模的投资已经引起这些国家的警惕和抵触，尤其是澳大利亚，担忧中国会通过这样的举措大规模控制其战略资源。这也是中国企业在澳大利亚投资数量十分庞大，但大规模的项目却不多的原因之一。而这也可能使得中国更难取得在澳大利亚和加拿大这样资源大国的投资机会。

从投资时间上看，项目投资失败最多的年份是 2009 年，达到 10 项，占总失败项目的 37%。全球金融危机之后，中国矿产资源对外直接投资的热情极度高涨，如前文分析所示，2009 年的投资从数量到金额都达到峰值。投资失败的原因一方面，与上述原因相同，爆发式增长的大规模投资引起了东道国的警惕；另一方面，投资的热情和冲动容易形成投资的冒进，随之而来的可能是不成熟的投资计划而使得投资失败率提高。另外，由于经济体制、政治制度等方面差异较大，发达国家具备成熟的市场规制，加之中国企业投资经验尚待成熟，也出现了部分因违反法规而失败的项目。

从表 3-5 的分析中不难看出，矿产资源对外直接投资在发达国家受阻导致失败屡见不鲜，且主要体现在国有企业上。然而从前文现状分析来看，市场进入成本高并没有削弱国有企业对发达国家投资的热情。那么，暴露在这样的风险敞口中除了对发达市场先进制度和丰富资源的追求，似乎也与矿产资源型国有企业自身特性有关，从而产生了与一般投资决策行为的区别。

表 3-6 列举出 9 项投资亏损的项目，从投资区域上看，其中

6项均发生在澳大利亚，占总数的一半以上。而投资亏损主要原因是前期评估不足，对投资标的的情况了解不够，或所购矿山品质与预期不符、基础设施不完善等使得投资成本大幅上升，或追高投资遭遇商品价格大幅下跌形成巨大损失。同时，中国矿产资源型企业对外直接投资时为成功获得投资权，溢价收购的情况屡见不鲜，而标的物价值与竞标价格不符，无法带来高收益回报，隐性亏损十分巨大。

表3-5　中国矿产资源型企业对外直接投资失败项目

年份	投资方	投资项目	投资国家	失败原因	失败类型
2002	中石油	俄罗斯斯拉夫石油公司	俄罗斯	俄国家杜马介入	政治原因
2003	中海油、中国石化	英国天然气（BG）公司哈萨克斯坦里海北部项目	英国	西方五大石油公司联手行使优先收购权	竞争对手介入
	中海油服	印度尼西亚最大钻井公司Apexindo	印度尼西亚	政治阻挠	政治原因
2004	五矿集团	加拿大诺兰达公司	加拿大	加拿大民族主义者的抗议	政治原因
	中石油	俄罗斯STIMUL公司股份	俄罗斯	受到俄天然气工业公司的阻挠	竞争对手介入
2005	中化集团	韩国仁川炼油厂	韩国	花旗银行阻挠	竞争对手介入
	中海油	美国优尼科石油公司	美国	政治力量反对	政治原因
	中海油	美国加州联合石油公司	美国	美国国会以威胁国家安全为由否决	政治原因
2008	首钢控股	澳大利亚Prosperity Resource公司股份	澳大利亚	构成关联交易	违反商业规则
	中金岭南	澳大利亚先驱公司	澳大利亚	印度尼西亚的布米公司的竞价压力	竞争对手介入
	首钢集团	澳大利亚吉布森山铁矿9.74%的股份	澳大利亚	收购计划违反澳大利亚相关法律规定	违反商业规则
	中海油服	英俄合资企业TNK-BP油务子公司STU	英国	对中国的防范心理	政治原因

续表

年份	投资方	投资项目	投资国家	失败原因	失败类型
2009	首钢集团	澳大利亚资源有限公司	澳大利亚	首钢集团考虑投入产出比的原因	市场条件变化
	中国有色集团	澳大利亚稀土矿业公司Lynas 51.66%的股份	澳大利亚	地方贸易保护以及对中国的戒备心理致使澳大利亚外国投资审查委员会未批准	政治原因
	武钢集团	澳大利亚WPG公司Hawk Nest铁矿石项目	澳大利亚	以威胁国家安全为由遭澳国防部否决	政治原因
	中铝集团	力拓集团	澳大利亚	反对党议员和民众反对	政治原因
	五矿集团	澳大利亚OZ Minerals矿业公司	澳大利亚	澳国防部以危害国家安全为由反对投资	政治原因
	中海油、中国石化	美国马拉松石油公司安哥拉32号石油区块20%权益	美国	安哥拉国有石油公司行使优先购买权	竞争对手介入
	西色国际	美国优金公司51%的股份	美国	美国政府以威胁国家安全为由反对	政治原因
	中石油	加拿大Verenex能源公司	加拿大	项目业务所在国利比亚政府干预	政治原因
	中石油、中海油	西班牙雷普索尔阿根廷子公司YPF股份	西班牙	阿根廷政府能源企业国有化阻碍投资	政治原因
	中国石化	伊拉克第四大油田Zubaird服务合同	伊拉克	之前收购的油田位于政治敏感的库尔德地区引发伊拉克政府的强烈不满	政治原因
2010	中海油	美国能源公司Kosmos Energy加纳油田	美国	埃克森美孚参与竞争	竞争对手介入
2012	中国石化	西班牙雷普索尔阿根廷子公司YPF股份	西班牙	阿根廷政府能源企业国有化阻碍投资	政治原因
2012	中铝集团	加拿大南戈壁资源公司股份	加拿大	因南戈壁与蒙古政府僵化遭到反对	政治原因
2013	方大特钢	南非BOBOKO投资股份及勘探项目	南非	政府部门未批准	政治原因
2014	盛和资源	越南和有信40%的股权	越南	因中越南海争端终止收购	政治原因

数据来源：Wind数据库及公开数据。

表 3-6 中国矿产资源型企业对外直接投资亏损项目

年份	投资方	投资项目	投资国家	失败原因	失败类型
2006	中信泰富	收购西澳大利亚州皮尔巴拉地区的赛诺铁矿	澳大利亚	评估不足，开采困难，严重超支及延期，投入超出预期4倍	评估不足，运营亏损
2008	中冶科工	阿根廷希拉格兰德铁矿项目以及澳大利亚兰伯特角铁矿项目，后续运营难以为继	阿根廷、澳大利亚	评估不足，希拉格兰德铁矿由于铁品质问题开采经济性面临挑战；兰伯特角铁矿开采经济价值不理想被迫搁置	评估不足，运营亏损
	中钢集团	收购西澳大利亚州中西部铁矿石项目	澳大利亚	投资后铁矿石价格暴跌，高成本带来的经营压力导致巨额亏损，致使项目暂停并关闭澳大利亚办事处	价值波动，运营亏损
	中铝集团	联合美铝在二级市场收购力拓英国上市公司12%的股份	澳大利亚	市值及汇率波动，导致约750亿元人民币损失	市值亏损
2009	中铝集团	获得澳大利亚奥鲁昆铝土项目开发权	澳大利亚	高价收购，后铝价急跌，成本上升、市场供给过剩，开发成本剧增，损失3.4亿元	价值波动，项目终止
	中化集团	Atlantis 公司、CRS 资源（厄瓜多尔）有限公司及印度尼西亚的3个油气田项目	挪威、美国、印度尼西亚	战略转型期内部管理问题，亏损1526.62万美元	运营亏损
2010	中钢集团	投资澳大利亚 Weld Range 铁矿石项目	澳大利亚	评估不足，成本剧增，铁路港口等基础设施进程受阻，项目暂停	评估不足，运营亏损
2011	中铝集团	获得力拓集团位于几内亚的西芒杜铁矿44.65%的股权	澳大利亚	评估不足，运输成本高，且力拓一直推迟矿山开发计划，使得中铝后续投资压力很大，并增加大量额外成本支出	评估不足，运营亏损
	中国锰业	持有的南非 MKhulu 锰矿项目50%的股权	南非	非优质矿，隐性亏损巨大	评估不足，运营亏损

数据来源：Wind 数据库及公开数据。

3.4　中国矿产资源型国有企业对外直接投资特性分析

3.4.1　中国矿产资源型国有企业对外直接投资特征

中国矿产资源的对外直接投资绝大多数由国有企业完成，前文对投资现状的分析基本可以反映出矿产资源型国有企业对外投资的概况。

（1）投资时机

2001 年正式实施“走出去”战略后，中国矿产资源型国有企业对外直接投资开始不断增多。在以中国为核心的新兴经济体拉动下，2005 年全球大宗商品价格大幅上涨，在这种价格上涨的刺激下中国矿产资源型国有企业出现大体量投资。2005 年投资涉及金额较 2004 年呈数十倍增长，大型矿产资源国有企业开始纷纷成规模地开展对外直接投资，2007 年对外直接投资的数量是 2004 年的 2 倍。全球金融危机致使大宗商品价格暴跌，之前投资热潮中的大型项目亏损严重，中铝收购力拓创下有色金属收购纪录的项目，到 2008 年因价格浮动亏损约 750 亿元人民币，然而这并没有影响中国矿产资源型国有企业投资的热情。如果说大宗商品走势向好成为中国矿产资源型企业“追高”的对外投资时机，那么紧接着的全球金融危机后更是被看作“抄底”的大好时机。2008 年中国矿产资源型国有企业对外直接投资是 2007 年投资项目数量的近 2 倍、投资金额的近 3 倍；而 2009 年在此基础上又有大幅提高，是 2008 年投资项目数量的近 1.5 倍、2007 年的 2.5 倍，2008 年投资金额的近 1.5 倍、2007 年的近 4 倍。类似地，在 2010—2011 年欧债危机后，中国矿产资源型国有企业又抓住危机后的投资机会，投资规模在回落两年后再次上涨，但由于基数较大且危机的影响相对较小，上升幅度并没有全球金融危机后那样明显。

可见，国内外市场资源价格的时滞性差异形成了一定时期内的套利空间，而金融危机对不同市场的影响形成特定时机下国内外企业资产价值的不同，给中国矿产资源型企业带来了不同市场间的套利空间，可能造成矿产资源型国有企业选择这样的时机进行大量投资。

（2）投资区域

从投资失败项目来看，国有企业在澳大利亚、美国、加拿大等西方发达地区的失败率最高，但这并没有减少国有企业向这些地区投资。从投资区域分析来看，中国矿产资源型国有企业对外直接投资在大洋洲、亚洲、欧洲、北美洲分布较多。经统计，国有企业在欧美等发达地区投资 211 项，占其总数的 58%，投资金额占总金额的 62%，其中，在澳大利亚和加拿大投资集中度最高，分别为 96 项和 58 项，在欧洲投资 57 项，在美国投资 11 项。一方面，中国矿产资源对外投资的起步较发达国家晚，全球许多优质矿产资源多掌握在发达国家大型跨国矿业企业手中，中国企业期望进入传统矿产资源强国如澳大利亚、加拿大等发达国家分得一杯羹。另一方面，更值得注意的是国有企业期望通过对发达国家的投资来提高声誉、树立形象。在国内的舆论环境中，对不发达地区成功投资的关注度似乎较低，而对发达国家尤其是对强国的大型投资高度关注，如中海油对美国优尼科投资，虽失败但依然轰动一时，并树立了央企对外投资的强大形象，所以“虽败犹荣”的报道屡见不鲜，而成功的大型案例更是被冠以“为国争光”的光环。因此，中国矿产资源型国有企业对于发达市场上的投资有更大的热情。

（3）投资品种

在中国矿产资源对外直接投资中，能源领域的石油是投资最多、规模最大的，投资数量 165 项，占其总投资数的 43%，而投资金额占总投资金额的 74%。石油资源是重要战略资源，中国国内对石油的需求缺口依然很大且呈放大趋势，为保障国家战略资源安全，石油的海外投资一直是中国矿产资源型国有企业对外直接投资的一个重点。在金属领域，虽然钢铁和电解铝在国内都存在较为严重的产能过剩现象，但矿产资源对外直接投资规模最大的仍为铁和铝。铁的投资项目数达到 80 项，总金额为 188 亿美元；铝的投资项目虽然仅有 15 项，但投资金额达到 143 亿美元；而贵金属投资数量虽然超过了 40 项，但总金额却仅为 21 亿美元，并不是矿产资源型国有企业对外直接投资的重点。

3.4.2　中国矿产资源型国有企业与非国有企业对比

（1）投资起步早

因为国有企业存在政府背景，中国矿产资源型国有企业对外直接投资肩负着保障国家战略资源安全的责任，是矿产资源对外投资的主力。一方面，矿产资源型央企能够最快速地落实中央对外投资的政策；另一方面，央企的投资活动也成为其他企业解读对外投资政策的一种风向标。同时，国有企业资金雄厚、实力强，具备对外投资的条件。早在20世纪80年代，矿产资源型央企就开始了海外开发的探索。1987年，中国国际信托投资公司收购澳大利亚波特兰铝厂10%的权益，中国冶金进出口总公司与澳大利亚哈默斯利铁矿石公司达成协议，合营恰那铁矿。当时，中国企业进行海外并购等活动用汇都需国家特批，也只有央企有获得这一条件的便利。因此，央企是最早开展对外直接投资活动的。而进入21世纪以后，如图3-8所示，民营企业是在2006年以后才成功开展矿产资源对外直接投资的，此时矿产资源对外直接投资已经积累了一定的经验，而国有企业的成功投资也开辟了一定的市场，创造了一定的投资环境，树立了一定的投资形象。

（2）投资规模大

无论是总体规模还是单项投资的规模，国有企业的矿产资源对外直接投资都是民营企业无法比拟的。从前文的分析中容易看出，国有企业在矿产资源对外直接投资中占绝对主力地位，合计投资项目数384项，占总投资数的84.2%，投资金额为2177.9亿美元，占总投资金额的97.29%。而大型项目基本由央企发起，民营企业1亿美元以上的项目仅有11项，没有20亿美元以上的项目。1亿美元以上的项目占所有投资项目的约40%，基本都为国有企业项目，而50亿美元以上的大型项目则均为央企投资项目。在能源领域，油气领域上规模的投资都被中石油、中国石化、中海油三大巨头包揽；金属领域，大型的投资项目主要由中铝集团、五矿集团等大型央企进行。2005 年中海油宣布以要约价 185 亿美元收购优尼科石油公司，虽然未能成功，但是作为中国对外直接投资的超大型项目依然轰动一时；2008 年中铝集团联合美国铝业公司斥资 140.5 亿美元收购力拓股份，是中国有色金属业最大收购案例；2012 年中海油以 151 亿美元收购加拿大尼克森公司，创下中国矿产资源型企业收购金额纪录。

（3）所有权优势

第一，国有企业以国有资本作为支持，多为资金实力雄厚的大规模集团型企业，因此更具国际竞争力。第二，在政府背景下，国有企业在国内各政府部门都享有比民营企业更多的便利，而更优先享受到国家发展改革委、商务部、财政部、外汇管理局等对于“走出去”的优惠政策。第三，有国内大型银行提供融资平台，中国进出口银行和国家开发银行对中国企业对外投资有专项支持，尤其是国家开发银行有针对性地为资源型大型项目提供专项支持，对中石油、中国石化、中化集团、五矿集团等海外重大项目均有较大力度的支持，而这些基本上是民营企业享受不到的。第四，由于实力雄厚并且具备各种资源的易得性，一些超大型项目多与国际大型跨国资源型企业进行联合投资，而民营矿产资源型企业很难涉足大型项目，也鲜有这样的联合投资机会。

由于所有制优势的存在，矿产资源型国有企业在资源获取与政策支持等方面有着非国有企业不可比拟的投资优越性，从而能够获得更多的投资机会，进行更大规模的投资，在投资成本，风险承受以及区域、时机等决策各方面的客观制约性更低，在雄厚资金的支持下其决策的灵活性、时效性等更高，有更大的投机及获利空间。这也可能是中国矿产资源型国有企业呈现出前文所述投资在区域上集中于发达市场、投资规模大等特征的一个重要原因和前提。

（4）亏损程度大

矿产资源型国有企业对外直接投资规模大，亏损程度也很大。正因为国有企业有着资源易得性且实力雄厚，其对外直接投资在规模上倾向于大型项目，区域选择上倾向于投资门槛较高的发达市场。同时，其具有政府背景，在投资时更容易因东道国政治干预而失败。因为项目难度和规模都较大，付出的市场进入成本以及竞争成本也更大。同时，虽然中国矿产资源型国有企业规模大，但其海外投资经验还有待提高，尤其是在发达市场上仍有诸多不适，许多项目在运营过程中动辄产生数亿元的巨额亏损。

相比非国有企业，中国矿产资源型国有企业虽然有着得天独厚的条件和优势，但显然并没有取得相应的投资成效，在较大的获利空间面前形成这样的反差也值得进一步分析，通过现象看到其内在原因所在。

3.4.3 中国矿产资源型国有企业与国际大型跨国矿业公司对比

（1）起步较晚

中国矿产资源型国有企业虽然相较民营企业对外直接投

资起步较早，但相较外国大型矿产资源型企业起步较晚。第一次全球并购浪潮发生在1887—1904年，石油领域已经是该次并购浪潮的一个重点，而到20世纪80年代的第四次全球并购浪潮，自然资源成为该次并购浪潮最集中的领域之一，而此时中国仅有零星投资，从而错失了矿产资源全球配置的先机。

（2）总体质量欠佳

虽然进行了大规模投资，但从投资矿产资源的质量上看整体欠佳。外国公司的大型项目，尤其是金属矿产项目具有富矿多、自动化水平高、成本低的特点。以铁矿为例，主要国际铁矿生产商的矿石品位基本在55%以上，且开采条件好、开采成本低。而中国开发的海外矿产资源项目贫矿多，铁矿品位基本在35%以下。再以澳大利亚为例，由前文统计可知国有企业在澳大利亚进行大量投资，澳大利亚是铁矿投资最密集的区域，但国有企业投资的大型铁矿项目皆为低品位磁铁矿，且没有机会参与浅层高品位大型铁矿项目，而其投资的较高品位铁矿项目规模普遍较小，分布在印度尼西亚、墨西哥等地。

不难看出，虽然与非国有企业相比中国矿产资源型国有企业对外投资存在多种优势，其资金雄厚并有政府大力支持，投资时间早、投资规模大，是中国矿产资源对外投资的主力，但从全球范围来看，其投资水平及投资质量等与外国大型矿业公司相比还有不小差距，有待进一步提高。

3.5 矿产资源型国有企业对外直接投资存在问题及分析

从前文现状分析来看，矿产资源型国有企业对外直接投资虽然具备许多优势并有很大的获利空间，但其投资失败情况却屡屡发生，投资亏损程度也较高。虽然这不可避免地受实体经济放缓和资本市场波动等客观因素影响，但从前文其投资决策的结果来看：①矿产资源型国有企业对外直接投资投资空间、投资品种过于集中以及怕错失机会而在某个时机投资集中（如全球金融危机之后），增加了投资的风险，可能增加投资失败及亏损率。②由于东道国阻碍，在澳大利亚、加拿大等发达国家投资失败率较高。③在特定时机短时间内进行大规模投资，由于评估不足或对市场走势研判有误，可能导致投资亏损。再加上国际竞争实力和投资经验不足、管理水平有限等原因，中国矿产资源型国有企业对外直接投资失败、亏损时有发生。然而，在失败和亏损较为严重的情况下，矿产资源型国有企业对外投资的数量并没有受其影响，并且其对外投资的集中程度仍然很高，如在投资区域方面仍集中在市场门槛较高的澳大利亚、加拿大以及欧美等发达国家，对国内产能过剩的矿种仍集中投资，等等。当然，对外投资步伐的加快是国家政策导向下的趋势，对某些区域、品种的投资也不乏战略资源需求的原因，但在投资失败亏损程度较高的情况下，矿产资源型国有企业的对外投资决策显然使其过多地暴露在一些风险敞口中。那么，投资失败、亏损和其投资决策形成的原因除一般客观因素外，更不乏矿产资源型国有企业自身特性所带来的因素，而这些因素也可能形成负面的套利动机，形成一些非客观需求或不利于企业价值最大化的投资决策。

3.5.1　监管漏洞大

由于国有企业海外资产规模大，投资范围广，国内外市场体制差异大，更有诸多信息不对称的情况，国内母公司无法及时准确得知许多海外子公司的资金运作盈亏情况，尤其是大型央企，投资速度快且摊子大，监管存在很大难度。国内对国有资产的监管也多限于母公司，但即便是对母公司国有资产的监管也没有实现全覆盖。受某些部门规章制度的约束，审计署审计的企业必须符合其领导人员由中央直接管理的条件。据国家审计局统计，2008—2014 年，118 家由国资委和财政部监管的央企中，仅有 57 家进行过审计，而 94 家中央部委所属企业以及绝大部分央企海外资产，基本上从未进行过审计。国务院国资委的统计显示，截至 2014 年年底，大部分央企都设有海外分支机构，对外投资遍布 150 多个国家和地区，海外资产总额超过 4 万亿元，但巨额海外资产在审计上基本是空白，存在巨大的监管漏洞。

另外，国有企业在内部控制方面也存在不足和漏洞。第一，管理水平和经验的不足，使得对海外投资项目事前和事中都缺乏有效控制。第二，企业规模大，海外投资关系中存在多级公司的产权关系链，链条长且关系复杂，许多国有企业的管理制度距离先进管理制度仍有很大差距，管控能力水平低。第三，在现行制度下，缺乏对国有企业的第三方监管，央企海外资产管理的自查体制常常无法实现其有效性，变为内部控制的形式主义。

针对国有资产流失以及央企海外投资监管问题，从 2010 年开始，国资委就相继颁布了《中央企业境外国有资产监督管理暂行办法》《中央企业境外国有产权管理暂行办法》《中央企业境外投资监督管理暂行办法》等文件，但其起到的作用似乎并不显著，目前仍未建立起有效的监管体系和审计制度，国有资产海外监管问题依然十分严峻。矿产资源型国有企业的海外资产规模庞大，更是其中需要重点关注的对象。

3.5.2 管理层腐败及委托代理问题

监管上的缺失，给国有企业海外投资营造了滋生腐败的温床，加上现有体制下国有企业委托代理问题严重，导致国有企业海外投资亏损、国有资产流失问题十分严峻。腐败问题带来的央企高层人事震动时有发生，使这一问题逐渐浮出水面。由于石油领域的海外投资项目多、规模大，且为紧缺战略资源，有必要鼓励进行海外投资，而其问题也最为严重。中石油、中国石化海外资产问题频出，多因曾负责海外业务的高管的腐败或海外经营资源配置不当、违规及不尽职等被查办，而一些被查办的高管经手的项目甚至多年都没有产出。

海外经营管理人员手中握有大量资源又具有平台优势，同时无人监管，通过利益输送、参与腐败行为以及经由境外代理敛财等方式导致海外投资的腐败滋生。第一，利用利益同盟在招标、营销等环节接受供应方好处，如通过收受贵重礼品、家属工作学习安排、旅游安排等进行利益交换和输送。第二，参与海外腐败行为。2012 年，世界银行发布了一份因涉嫌贿赂及欺诈等违法商业行为而在一定时期内被禁止承接世界银行资助项目的企业“黑名单”，12 家中国企业在列，其中就不乏矿产资源型国有企业。第三，一些海外经营管理者与当地代理商勾结，制造出许多完全不需要的灰色费用，以此谋取私利，吞噬国有资产与企业利益。而在国资委调查中发现，国有资产流失的一个重要原因是账外资产，也就是所谓的海外“小金库”，在监管缺失的情况下，一些国有企业以避税为由，许多项目存在不入账的资产，而实际上这些账外资产已经形成国有资产流失，被用作他途，更滋生了腐败。

国有企业海外资本监管的漏洞以及国有企业制度下的委托代理问题导致了国有企业海外投资过程中的腐败滋生，更驱使管理人员产生自利动机，从而在进行投资决策时往往产生与企业利益和国家“走出去”政策初衷背道而驰的选择，导致项目的巨大亏损或投资成本的大幅提升。

3.5.3　投资冒进、风险防范意识和能力水平低

为了保障国家战略资源安全，鼓励企业对外投资，矿产资源型国有企业尤其是央企响应“走出去”政策，作为海外投资的先行者和主力作出了重要贡献。实际上，在 2005 年以前，能源类

央企的对外投资表现是可圈可点的。随着国内能源供需矛盾日益尖锐，在“能源安全”与“资源焦虑”的逼迫下，国有企业在“走出去”战略进一步实施过程中也调整了自身战略，加大了对外投资力度。之后矿产资源型国有企业对外投资规模急剧上升，出现井喷式增长，出现百亿美元以上的项目。在几大矿产资源巨头的带领下，掀起一股海外投资的热潮。据统计，中化集团海外资产已经超过总资产的1/3，中国石化在2012年的海外资产已经超过6000亿元。然而，国务院国资委的数据显示，与2009年相比，2013年央企海外资产的利润比大幅下滑。许多企业存在跟风投资的嫌疑，尤其是在全球金融危机后，矿产资源商品价格大幅下跌，发达国家企业价值受损缩水，似乎任何项目在此时都成了大好的投资机遇。国有企业期望通过这样的时机实现短期内的名利双收，投资的风险和长期的收益如何并不是现任决策者所考虑的重点，即使将来项目亏损也由国家来“买单”，因此投资的冒进问题就显现出来了。许多海外投资前期考察不足甚至粗糙，对投资的风险评估和投资标的的价值评估不足或存在严重偏差，导致投资了许多没有必要投资或投资价值较低的项目。在投资之后，一些金属矿山出矿品质低、开采难度大，成本剧增、亏损严重，还有一些项目基础设施不配套导致无法进行。中国国有企业在风险管理水平上本身就存在不足，海外投资经验有待提高，对投资环境又不熟悉，尤其对于矿产资源型企业风险更大，投资的事前风险评估对其来说已经很具有挑战性了，在这种投资冲动下形成投资冒进更加大了投资的风险，带来了巨大的隐患，导致了亏损的发生，造成国有资产流失。

3.5.4 投机心理、政绩追求下的战略性偏差

国有企业资金实力雄厚，有实力进行快速大规模的投资，这也造成许多矿产资源型国有企业投机的心理，尤其是一味把危机当成时机，而国内的舆论导向更是加深了这一认知。大宗商品价格大幅跳水、企业价值断崖式下跌，使得矿产资源型国有企业抱着“抄底”的心态，投资决策并不由企业良性发展战略来决定，而是由快速投资短期见效、盲目追逐高利润的思维主导。这样偏离实业企业核心的投资思路和投机心理必然会带来不良的后果。

另外，中国矿产资源型企业除风险评估不足外，还有许多投资是在明知存在较高潜在风险的前提下进行的。美国传统基金会对此作出分析，发现中国海外投资项目金额在 1000 万美元以上的，向高风险区域投资的趋势十分明显。对风险的不回避显然使得矿产资源型国有企业的对外投资亏损很难避免，但由于国有企业的特殊性，企业领导多以政府行政周期为任期，在“走出去”政策的大方针下，“走出去”的规模成为其政绩的一项考核指标，而矿产资源型项目多为长期项目，其收益很难在领导人任期内进行准确考核。同时，在投资中，国有企业尤其是央企仅考虑眼前利益，大部分存在“即使有问题也有政府兜底”的心态。因此，在政绩追求、投机心理下，国有企业决策者很可能为了在短期内取得政绩而投资高风险项目，虽然成功获得投资权却为投资亏损埋下隐患。

3.6 本章小结

本章对中国矿产资源的现状及供需状况进行描述，说明矿产资源对外直接投资的必要性和重要性。在对矿产资源对外直接投资现状进行分析时，首先，对中国矿产资源对外投资的历程进行分阶段描述，对每个阶段矿产资源型企业对外投资的政治经济背景以及特征进行概述。其次，通过对 2001—2014 年中国矿产资源对外直接投资项目数据的整理与统计分析，从投资数量与规模、投资区域分布、投资品种分布、投资主体分布以及投资亏损情况，对矿产资源对外直接投资的现状进行统计描述，发现从时间和规模上看，2005 年以后矿产资源投资明显增多，到 2008 年以后出现井喷式增长；从区域分布上看，投资分布范围广但集中度较高，发达地区投资规模较大，尤其是澳大利亚和加拿大投资集中度最高；从投资品种上看，能源是矿产资源对外直接投资的主要对象，在金属投资中，铁、铝等投资比重较大；从投资主体上看，国有企业是矿产资源对外直接投资的先行者和主力，但民营企业的数量也在逐渐增长。再次，在投资现状统计分析的基础上对矿产资源型国有企业对外直接投资的特征进行了分析。最后，在现状分析与矿产资源型国有企业对外直接投资特征分析的基础上，剖析了矿产资源型国有企业对外投资中存在的主要问题，包括较大的监管漏洞、海外经营管理者委托代理及腐败问题、缺乏风险防范意识及能力、投资冒进的问题以及存在投机心理追逐政绩，导致投资战略性偏差等。本章通过分析矿产资源型国有企业对外直接投资现状、问题及原因，分析了矿产资源型国有企业对外直接投资的行为特征及规律，是套利动机产生的现实基础和背景，也是本书后面章节理论与实证分析的依据和基础。

第4章　中国矿产资源型国有企业对外直接投资套利动机框架及模型分析

在对中国矿产资源型国有企业对外直接投资发展现状及投资存在问题分析的基础上，本章将对矿产资源型国有企业在海外投资过程中呈现出来的套利动机进行分析，通过对其套利条件及三种不同套利动机的分析，进一步探究套利动机对投资决策的影响作用机理，并筛选套利动机衡量指标，进而构建套利动机下矿产资源型国有企业对外直接投资决策模型框架。

4.1　套利形成条件

4.1.1　矿产资源金融属性的可套利性

作为国民经济和人民生活水平的重要保障，矿产资源是国民经济、百姓日常生活、国防工业、尖端技术和高科技产业等领域必不可少的基础材料和重要战略物资，这是矿产资源的实物属性。随着我国工业化进程的推进，矿产资源的消费增速接近或超过国民经济的发展速度，供需矛盾日益尖锐，而国内目前探明的主要矿产储量严重不足，对我国经济社会的保障程度正呈现出下降趋势，矿产资源安全问题是关系国家战略资源安全的重大问题，直接关系一个国家的生产和发展，这是矿产资源的战略属性。矿产资源的稀缺性、不可再生性、在地理上分布的不均匀性，以及全球市场上对矿产资源的激烈竞争，决定了中国矿产资源型国有企业对外投资的需求动机。然而，能够形成套利动机的关键之一还在于，除了实物属性、战略属性外，矿产资源还具备其他物资和一般商品所不具备的大宗商品金融属性。

第一，矿产资源的可储存性及保值性体现了其金融属性。矿产资源具有不可再生性、稀缺性以及基础性，并且具有战略重要性，在如今流动性资本过剩的市场上，成为极具保值价值的商品。各国纷纷进入抢占战略性资源的激烈竞争中，扩充本国石油储备、黄金储备等战略性储备。第二，矿产资源还具备可投资性。基于矿产资源储量的有限性和不可再生性，其产量也是有限的，而矿产资源供需关系的变化引起了对矿产资源产品价格的上涨预期，导致许多投资是实体需求外的投资需求引起的，越来越多的投资者将矿产资源产品投资纳入投资配置中。第三，矿产资源产品的虚拟性体现了矿产资源的金融属性。随着金融市场的不断发展，金融衍生工具越来越多地被使用，矿产资源的金融衍生产品市场逐渐丰富，矿产资源产品期货、期权等金融衍生工具的使用越来越成熟。在现货市场基础上发展起来的矿产资源产品衍生品市场，为矿产资源型企业提供了风险对冲套期保值的机会，也提供了金融资本的套利机会。大宗矿产资源产品的交易已逐渐脱离现货商品交易，其虚拟性和金融衍生产品的杠杆性，更增强了交易的投机性。正是这样的金融属性，形成了矿产资源对外投资的套利条件之一。

4.1.2 投资差异的可套利性

在金融市场中，套利一般是指交易者利用不同市场、不同月份或商品之间的价格差异，期望通过价格差异的变化牟利。其中价格差异是进行套利的一个必要条件，同时，与一般投资者不同的是，其关注的不是绝对价格的变化，而是相对价格的变化。在矿产资源型国有企业对外投资中也有这样的关键条件存在。第一，国内外不同的市场造成矿产资源产品价格上的差异，价格传导的时滞性使得国内与国外矿产资源产品在一定时间段内存在差异，国内外价格差异给对外投资带来了套利的可能。第二，不同国家经济政治体制的不同造成了投资环境的不同，投资的监管、政策以及政治制度环境的不同，形成了母国与东道国的制度势差，给对外投资带来了套利的可能。第三，国有企业与非国有企业在所有制上的差异带来了融资、政策以及各种资源易得性上的差异，使得国有企业所有制优势凸显，所有制差异给国有企业对外投资带来了套利的可能。第四，面对宏观经济环境的变化，国内外市场对外部事件冲击的反应程度不同，造成了国内外企业价值相对差异，从而造成竞争势差的变化，给中国企业对外投资带来套利的可能。

在这样的条件下，矿产资源型国有企业形成了一种“套利动机”，即矿产资源型国有企业利用国内外两个市场的制度差异或企业制度优势、要素价格差异以及企业价值机会性差异获取收益的动机。这里按照套利内容和驱动因素的不同将套利分为制度套利、期限套利和市场套利。

4.2　中国矿产资源型国有企业套利动机分析

4.2.1　制度套利动机分析

根据资源依赖理论，公有制增加了国有企业的政府背景，提高了其对母国的资源依赖度，同时也使其在融资、政策以及各种资源的获取上有其他企业不可比拟的优势。中国国有企业在国际化和并购的关键阶段明显受益于政府支持，巨额外汇储备也进一步促进政府对国有企业的支持，并且受国家制度环境干预、不完善的经济改革、渐进的制度改革影响，这种现象短时期内都不会有本质上的改变。另外，在政府参与下，中国国有企业海外直接投资是混合经济、政治等因素的复杂现象，使其成为服务于国家发展战略和建立政治、经贸、外交桥梁的主要渠道，并以此提高中国其他投资项目的安全度。而由于对国有企业国内外市场监管的差异性，以及发达市场与国内市场成熟度的差异性，国有企业在国内交易、运营中的成本限制在海外市场被放宽，在获取技术、品牌等资源上有更大的便利性。

国有企业与非国有企业之间的所有制差异，以及国内外市场的制度差异，给中国矿产资源型企业对外直接投资带来了更大的获利空间。第一，因为国有企业存在政府背景，其在资源获得和政策支持方面都具备优势，降低了投资各个环节的难度，相比非国有企业对外投资，具备更低的显性及隐性成本，如较低的融资成本（甚至有些大型项目有专门的政策性银行支持）、在政府各相关部门的办事效率相对较高。第二，因为国有企业对外直接投资有外交桥梁作用，矿产资源型国有企业在某些海外竞标过程中可能受益于政府背景，而更容易开展投资，这样就相当于降低了市场进入成本。第三，由于雄厚的资金支持，矿产资源型国有企业更有资本进入发达市场学习和享受国内外制度差异带来的好处，获得更大的获利空间，而矿产资源型国有企业这种融资低成本性甚至无偿性可以看作其为获取制度差异优势所付出成本的降低；同时因为有国家托底，其进入发达国家的较高市场进入成本相对于非国有企业而言也变相地形成一种成本的降低。

因此，矿产资源型国有企业在制度方面因为国内外制度势差以及所有制制度势差形成了在投资成本上直接或间接的优势，利用这种优势，矿产资源型国有企业可以形成制度套利，从而获得相较于其他企业或在国内投资更大的获利空间，形成制度套利收益。国有企业制度优势的存在驱使其获取不同市场间的制度差异，从而获得形成非国有企业难以获得的利益，这有利于国有企业规模的扩大和企业收益最大化目标的实现。

然而，正是在这种优势下，制度套利存在内生性的风险。正如前文所述，在这样的制度优势下，矿产资源型国有企业并没有获得较好的收益。在前文矿产资源型国有企业对外投资问题的分析中，可以看到海外监管的缺失、国有企业决策者委托代理等问题的存在导致国有企业制度优势形成的制度套利动机不仅没有完全起到正面作用，还可能存在以下风险或负面作用：第一，由于各种资源获取的易得性，国有企业容易形成盲目投资。强大的国家控股和参与，使其较少担心市场进入成本、东道国政治风险以及项目自身风险，因为其成本实质上形成的是一种全民补贴机制，因此，制度套利动机促使矿产资源型国有企业对高风险的复杂项目进行投资。第二，在“走出去”战略的推动下，一方面为了享受政策支持下的各种优惠，另一方面缘于国有企业的政府背景，为了响应国家号召，各级政府以及企业领导在政绩需求下为了取得任期内的较好政绩和良好口碑加速了国有企业对外投资。但在这样扭曲的政策体系下，投资过热，常常存在投资短视、盲目投资的情况，许多不必要的投资也被推进，原本没有投资价值的项目变得充满诱惑。第三，制度套利动机下容易滋生自利动机，监管的缺失和委托代理问题的存在，使得国有企业海外经营管理者有充分的理由利用监管漏洞和手上的资源平台实现自利动机。如前文分析，其通过利益输送、参与腐败以及与代理商勾结等途径攫取国家资本获取私利，因此，在制度套利动机下，矿产资源型国有企业决策者很有可能在自利动机的驱使下发起投资。矿产资源型国有企业对外投资在制度套利动机下形成的决策就容易产生投机性，使得决策往往偏离了企业发展战略目标，不利于企业发展及利益目标。

4.2.2 期限套利动机分析

矿产资源的稀缺性、不可再生性以及储量的有限性，使得其在经济发展中起着至关重要的作用，尤其是新兴经济体，矿产资源的巨大消费需求导致供需缺口增大，供需矛盾日益突出。在以中国为核心的新兴经济体矿产资源需求的拉动下，全球矿产资源商品价格上涨。最明显的是在2005年以后，在以中国为代表的新兴经济体工业发展对矿产资源需求的推动下，全球矿产资源价格持续上涨。而对于中国来说，这种价格的上涨在国内市场和国际市场上是不同步的，价格的传导机制决定市场联动之间存在一定的时滞性，通常国内矿产资源商品价格在需求拉动下先于国际市场价格上涨。这种价格上的时滞性差异造成了一定的套利空间，但这样的套利空间是有限的，如同期货市场的套利一样，随着时间的推移，不同市场的要素价格将趋于一致，套利机会将消失。对于不同投资主体而言，这种套利机会的差异取决于其集中资本的速度与规模，集中速度和规模不同，其套利的空间不同，面临的资产价值也就具有不确定性。国有企业在雄厚的资金支持下能够快速、大规模进行投资，提高资本流动的速度与规模，甚至可能形成价格主导权，而非国有企业大多不具备这样的优势。因此，国有企业比非国有企业更具备获得这样套利收益的机会和可能性。在资源价格上涨的刺激下，矿产资源产品的价格被赋予上涨预期，在国内外市场资源价格时滞差异下形成有限的套利空间，从而使得不同投资主体面临投资标的资产价值的不确定性。矿产资源型国有企业为迅速捕捉“价格洼地”存在在短期内获取套利收益的动机，这里称之为期限套利动机。

然而，这样短期的资金筹集使用在长期的投资中，存在一定的风险：第一，基于期限套利的特征，这种短暂期限内对价格差异的套利行为也存在较高的风险，对投资决策者市场研判、风险控制等能力的要求更高，而国有企业自身对风险控制和判断的能力还有待提高，或者在制度特征下，国有企业并不在乎这样的风险，只是急于抓住这样的投资机会，容易忽视投资的事前评估。这就存在巨大的隐患，在资金运作能力和水平还需提高的情况下，发生损失的可能性更大。第二，期限套利实质上关注的是矿产资源的金融属性，仅因短期价格差异进行的投资决策很容易形成投机性，从而忽略项目实体价值、质量等要素在投资决策中的权重，对于实体企业来说这是本末倒置，不利于企业长期利益的获得。

因此，在获取收益的同时，基于矿产资源型国有企业制度特点以及期限套利的特征，矿产资源型国有企业在期限套利动机下容易偏离企业战略目标，形成不利于企业利益的短视投资决策。

4.2.3　市场套利动机分析

虽然全球化背景下经济全球一体化的进程在不断推进，但由于不同市场间的联动性不同，宏观经济环境的变化对于不同国家市场来说反应程度也是不一样的。在市场不完全、汇率波动、金融危机等外部性冲击下，不同市场上企业价值会受到不同的影响，尤其对于一些冲击性较大的事件，这一点更为明显。2008年全球金融危机使全球经济都受到了影响，但以美国为中心的发达市场由于市场关联的紧密性，经济受到重创，在危机影响下矿产资源商品价格大幅下跌，发达国家矿产资源型企业价值剧烈波动，企业实力也被削弱，在危机影响下许多企业价值被严重低估。与此同时，中国矿产资源型国有企业以国家为后盾，受危机影响相对不大。这对于矿产资源型国有企业的投资来说，一方面降低了标的物价格，另一方面增强了自身竞争力。另外，危机的发生使发达国家经济严重受损，为了尽快恢复经济，其对外资的政策尤其是对中国投资的限制有所放松。于是，全球经济危机成为中国矿产资源型国有企业对外投资的一大机遇，在国内“转危为机”的舆论向导下，这种思想形成了矿产资源型国有企业对外投资的热潮。不同市场对外部事件冲击的响应不同，导致同类企业价值估值差异，造成了市场间投资套利的空间。在海外企业价值下跌的同时，国有企业受益于政府背景，企业价值影响不大，形成了中国矿产资源型国有企业海外投资并购的优势和契机。这种外部事件冲击下资产价值下跌的机会，促使了矿产资源型国有企业对外投资的市场套利动机的形成，在这种动机下其迅速抓住特定时机的投资机会，获取市场套利收益。

然而，同上述两种动机的情况类似，市场套利动机下的投资在获取优质资产和利益的同时，存在特定套利时机的特征以及国有企业自身特征，使得投资存在较高的风险：第一，在以抓住机遇为目的的投资热潮和舆论导向下，许多国有企业容易产生跟风投资，而不根据自身实力和项目投资后的运作能力进行投资决策，为日后的经营管理埋下隐患；第二，各级政府以及国有企业领导人为追求业绩，不会放过向发达市场投资的好机会，从而容易形成为了投资而投资的投资决策，而不考虑投资的必要性以及企业发展战略；第三，“抄底”的刺激使得国有企业产生了一种“捡便宜”的心理，常常忽略投资标的的真实价值，忽略了投资的风险控制，从而投资一些并无投资价值或溢价投资与预期价值相去甚远的项目，虽然成功获得发达市场的投资机会，却造成了较大的损失。

这种风险的存在也增加了投资的投机性，当这种投机性成为主导投资决策的权重时，其所有制特征和怕失去投资机会的担忧可能促使矿产资源型国有企业的对外投资决策偏离企业战略发展目标，市场套利的投机机会和套利空间的存在并不一定能够使企业获得较好的收益、实现企业价值增值，甚至会带来亏损，造成国有资产流失。

4.2.4　套利动机的影响作用机理及衡量指标分析

基于对不同套利动机的分析，套利动机对投资决策的传导过程与作用机理如图 4-1 所示。在国内外市场制度势差和国有企业与非国有企业所有制势差下，矿产资源型国有企业形成制度套利动机，并通过影响其投资成本获取制度套利收益，从而对投资决策产生影响；以国有企业所有制优势为前提，在矿产资源商品价格时滞差异下，形成期限套利动机，并形成其投资项目价值的不确定性，进而获取期限套利收益，从而对投资决策产生影响；在国有企业所有制优势前提下，在外部事件冲击下，形成市场套利动机，并通过影响投资标的初始价值影响投资决策。价格时滞差异以及外部事件冲击下的套利机会相对短暂，国有企业所有制优势为其带来了雄厚的资金背景、强大的政策支持和各种资源的易得性，相对其他类型企业其具备在短时间内调集资金、政策等支持、迅速抓住套利机会的优势。因此，这里期限套利和市场套利以国有企业所有制优势为前提。

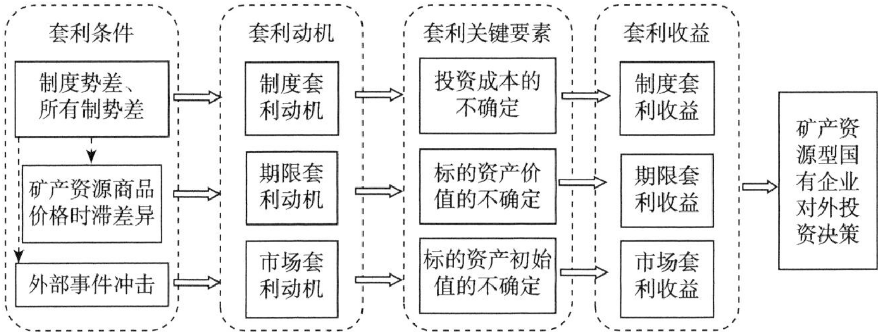

图 4-1　矿产资源型国有企业套利动机对投资决策的传导过程与作用机理

通过对套利动机传导过程的分析，可见套利收益的存在增加了投资决策不同决策变量的不确定性，从而反映到其投资决策权重上的变化。通过对套利动机和投资决策作用机理的分析，识别出套利关键要素，将这三个要素作为套利收益的显著特征纳入投资决策模型中。

4.3　不确定条件下投资决策模型

从套利动机对投资决策的传导过程及作用机理的分析中不难看出，其实质上是不确定条件下的投资决策问题，只是套利的存在使其不确定性的范围和程度有所变化。因此，要构建套利动机下的决策模型，需要先对不确定条件下的投资决策模型有所认知。

4.3.1　实物期权模型

不确定性条件下的投资决策是实物期权思想下的最佳投资时机的选择问题，需要对实物期权的价值有所明确，这里对实物期权定价问题进行交代。

（1）期权定价

令 S 为标的资产（股票）当前价格，K 为执行价格，T 为期权期限，σ 为标的资产价格波动率，μ 为标的资产收益率期望，r 为无风险利率，q 为期权期限内预计发放的红利。

期权合约赋予持有者去做某一项事件的权利，看涨期权持有者可以在特定时间以某一确定价格买入某种资产，获得收益 S_t-K（S_t 为执行期权时的资产价格），不执行期权则收益为 0，即看涨期权持有者可获得收益为 $\max(S_t-K,\ 0)$，而看跌期权持有者在执行时刻得到收益为 $\max(K-S_{t},0)$。可见，期权赋予持有者买入某种资产时不小于 0 的收益，那么为获得期权付出的费用即期权价值是其所需付出的成本。

Black-Sholes（1973）利用连续条件未定权益法成功求解其微分方程，推导出不付红利的欧式看涨期权和看跌期权定价的精确公式。

S 遵循几何布朗运动

$$dS = \mu S dt + \sigma S dz \tag{4-1}$$

其中，dz 为维纳过程增量。

其设 f 为关于 S 的看涨期权或其他依赖的衍生产品价格，则变量 f 必须是 S 和 t 的函数。根据伊藤引理可以得到衍生产品价格所服从的过程函数,① 根据这一过程可得 f 遵循

$$df = \left(\frac{\partial f}{\partial S}\mu S + \frac{\partial f}{\partial t} + \frac{1}{2}\frac{\partial^2 f}{\partial S^2}\partial^2 S^2\right)dt + \frac{\partial f}{\partial S}\sigma S dz \tag{4-2}$$

式（4-1）和式（4-2）的离散形式为

$$\Delta S = \mu S \Delta t + \sigma S \Delta z \tag{4-3}$$

和

$$\Delta f = \left(\frac{\partial f}{\partial S}\mu S + \frac{\partial f}{\partial t} + \frac{1}{2}\frac{\partial^2 f}{\partial S^2}\partial^2 S^2\right)\Delta t + \frac{\partial f}{\partial S}\sigma S \Delta z \tag{4-4}$$

由伊藤引理可知 f 和 S 中的维纳过程是一样的，这也就是说，式（4-3）和式（4-4）中的 Δz 项是一样的。因此，若选择适当

---

① 衍生产品价格 G 是标的资产 S 和时间 t 的函数 $G(S, t)$，根据伊藤引理，G 应遵循以下过程：$dG = \left(\frac{\partial G}{\partial S}\mu S + \frac{\partial G}{\partial t} + \frac{1}{2}\frac{\partial^2 G}{\partial S^2}\partial^2 S^2\right)dt + \frac{\partial G}{\partial S}\sigma S dz$（详细推导过程见附录二）。

的股票及衍生产品期权组合可以消除维纳过程。

这里设定适当的股票及衍生产品组合为

$$\begin{cases} +\dfrac{\partial f}{\partial S}，股票 \\ -1，衍生产品 \end{cases}$$

这样一个组合中含有 $\frac{\partial f}{\partial S}$ 数量的股票及一个衍生产品的短头寸。定义该组合价值为 Π，则有

$$\Pi = -f + \frac{\partial f}{\partial S}S \qquad (4-5)$$

该组合在 Δt 时间区间内的变化有

$$\Delta\Pi = -\Delta f + \frac{\partial f}{\partial S}\Delta S \qquad (4-6)$$

将式（4-3）和式（4-4）代入式（4-6），得出

$$\Delta\Pi = \left(-\frac{\partial f}{\partial t} - \frac{1}{2}\frac{\partial^2 f}{\partial S^2}\sigma^2 S^2\right)\Delta t \qquad (4-7)$$

因为式（4-7）右端不含 Δz 项，则该组合价值在 Δt 时间内一定是无风险的。关于股票波动率的假设意味着该组合一定争取与其他短期无风险证券相同的瞬时收益率，① 即该组合在 Δt 中的瞬时收益率一定等于 Δt 中的无风险收益率。因此，在没有套利机会的条件下

$$\Delta\Pi = r\Pi\Delta t \qquad (4-8)$$

将式（4-5）和式（4-7）代入式（4-8）可以得到

---

① 详见关于 Black-Sholes 模型假设的论述。（约翰 · 赫尔．期权、期货及其他衍生产品（中文第 7 版）［M］. 北京：机械工业出版社，2010：197-200.）

$$\left(\frac{\partial f}{\partial t}+\frac{1}{2}\frac{\partial^2 f}{\partial S^2}\sigma^2 S^2\right)\Delta t=r\left(f-\frac{\partial f}{\partial S}S\right)\Delta t \tag{4-9}$$

因此

$$\frac{\partial f}{\partial t}+rS\frac{\partial f}{\partial S}+\frac{1}{2}\frac{\partial^2 f}{\partial S^2}\sigma^2 S^2=rf \tag{4-10}$$

式（4-10）即 Black-Sholes 微分方程。对于某一特定衍生产品，式（4-10）的解与该式的边界条件有关，边界条件定义了衍生产品在 S 和 t 的边界上取值。

欧式看涨期权和看跌期权的关键边界条件分别为

$$f=\max(S-K,\ 0)，当 t=T 时；$$

$$f=\max(K-S,\ 0)，当 t=T 时。$$

当式（4-10）满足边界条件时，可以得到欧式看涨期权和看跌期权的价格分别为

$$c=SN(d_1)-Ke^{-r(T-t)}N(d_2) \tag{4-11}$$

$$p=Ke^{-r(T-t)}N(-d_2)-SN(-d_1) \tag{4-12}$$

其中，

$$d_1=\frac{\ln(S/K)+(r+\sigma^2/2)(T-t)}{\sigma\sqrt{T-t}} \tag{4-13}$$

$$d_2=\frac{\ln(S/K)+(r-\sigma^2/2)(T-t)}{\sigma\sqrt{T-t}}=d_1-\sigma\sqrt{T-t} \tag{4-14}$$

这里函数 $N(x)$ 为标准正态分布的累积概率分布函数，即这一函数等于服从标准正态分布 $\phi(0,\ 1)$ 的变量小于 x 的概率。

另一种解法是利用风险中性定价，则欧式看涨期权在风险中

性的条件下当期权到期时的期望值是

$$\hat{E}[\max(S_T - K,\ 0)] \tag{4-15}$$

由风险中性定价方法可知欧式看涨期权的价格等于这个期望值以无风险利率贴现后的现值，即

$$c = e^{-r(T-t)}\hat{E}[\max(S_T - K,\ 0)] \tag{4-16}$$

在风险中性条件下，期权到期 T 时刻的资产价格 S_T 服从如下对数正态分布

$$\ln S_T \sim \Phi\left[\ln S + \left(r - \frac{\sigma^2}{2}\right)(T-t),\ \sigma\sqrt{(T-t)}\right] \tag{4-17}$$

令

$$W = \frac{\ln S_T - m}{s} \tag{4-18}$$

这里，

$$m = \hat{E}(\ln S_T) = \ln S + \left(r - \frac{\sigma^2}{2}\right)(T-t) \tag{4-19}$$

$$s = \sqrt{\mathrm{var}(\ln S_T)} = \sigma\sqrt{(T-t)} \tag{4-20}$$

显然，$W \sim N(0,\ 1)$。

W 的密度函数 $h(W)$ 为

$$h(W) = \frac{1}{\sqrt{2\pi}}e^{\frac{-W^2}{2}} \tag{4-21}$$

用 f、g 分别表示 S_T 和 $\ln S_T$ 密度函数，则

$$\hat{E}[\max(S_T - K,\ 0)] = \int_{-\infty}^{\infty}\max(S_T - K,\ 0)f(S_T)\,\mathrm{d}S_T$$

$$= \int_{\ln K}^{\infty} (e^{\ln S_T} - K) g(\ln S_T) d(\ln S_T)$$

$$= \int_{\frac{\ln K - m}{s}}^{\infty} (e^{sW+m} - K) h(W) dW$$

$$= \int_{\frac{\ln K - m}{s}}^{\infty} e^{\frac{s^2}{2}+m} \frac{1}{\sqrt{2\pi}} e^{-\frac{(W-s)^2}{2}} dW - KN\left(\frac{m - \ln K}{s}\right)$$

$$= Se^{r(T-t)} N\left[\frac{\ln \frac{S}{K} + \left(r + \frac{\sigma^2}{2}\right)(T-t)}{\sigma\sqrt{(T-t)}}\right]$$

$$- KN\left[\frac{\ln \frac{S}{K} + \left(r - \frac{\sigma^2}{2}\right)(T-t)}{\sigma\sqrt{T-t}}\right] \quad (4-22)$$

则可以得到式（4-11）的结果，即欧式看涨期权的价格为

$$c = e^{-rT}\hat{E}[\max(S_T - K, 0)] = S_0 N(d_1) - Ke^{-rT}N(d_2) \quad (4-23)$$

$$d_1 = \frac{\ln(S/K) + (r + \sigma^2/2)(T-t)}{\sigma\sqrt{T-t}} \quad (4-24)$$

$$d_2 = \frac{\ln(S/K) + (r - \sigma^2/2)(T-t)}{\sigma\sqrt{T-t}} = d_1 - \sigma\sqrt{T-t} \quad (4-25)$$

可以将其写为

$$c = e^{-r(T-t)}[SN(d_1)e^{r(T-t)} - KeN(d_2)] \quad (4-26)$$

表达式 $N(d_2)$ 是在风险中性条件下期权被行使的概率，所以 $KN(d_2)$ 为执行价格乘以执行价格被支付的概率。表达式 $SN(d_1)e^{r(T-t)}$ 是一个风险中性条件下的期望值，其在 $S_T>K$ 时等于 S_T，在其他情形等于 0。

对于美式看涨期权，若不支付红利则不提前执行，即相当于一个欧式期权。若支付红利，Black 提出一种相似的处理方法，将其看作几个到期日不同的欧式看涨期权，相比较价值最大的为美式看涨期权。

（2）实物期权

实物期权是将期权定价思想应用到实物投资机会的定价当中。实物期权与期权影响变量区别如表 4-1 所示。

表 4-1　实物期权与期权影响变量区别

期权	实物期权（实物投资机会）
S：标的资产当前价格	V：投资项目价值
K：执行价格	I：投资成本
T：期权期限	T：到期期限
σ：标的资产价格波动率	σ：投资项目价值波动率
μ：标的资产收益率期望	μ：投资项目收益率期望
r：无风险利率	r：无风险利率
q：期权期限内预计发放的红利	δ：投资机会期内预计的现金流

若不考虑现金流，那么欧式实物期权可以直接套用欧式期权定价，即

$$\begin{aligned} FV &= VN(d_1) - Ie^{-r(T-t)}N(d_2) \\ &= e^{-r(T-t)}[VN(d_1)e^{r(T-t)} - IN(d_2)] \end{aligned} \tag{4-27}$$

其中，

$$d_1 = \frac{\ln(V/I) + (r + \sigma^2/2)(T - t)}{\sigma\sqrt{T - t}} \tag{4-28}$$

$$d_2 = \frac{\ln(V/I) + (r - \sigma^2/2)(T - t)}{\sigma\sqrt{T - t}} = d_1 - \sigma\sqrt{T - t} \tag{4-29}$$

若考虑项目投资期间产生的现金流问题，则将现金流折现从

项目价值中减去后，使用欧式实物期权定价公式。对于美式实物期权，在投资期限内一旦投资，一般均会产生现金流，适合套用支付红利的美式看涨期权，同理，将其看成几个欧式看涨实物期权，其中价值最大的为美式看涨期权的价值。但其实这样的计算较麻烦且没有太大实际价值。企业在进行投资时需要的信息是何时投资或在什么样的条件下才能进行投资，其关键则为找到一个阈值 V^*，当投资项目值为该值时，投资收益能够弥补投资产生的直接成本和机会成本，即实物期权价值。因此，美式实物期权价值可以通过求出 Black-Sholes 的微分方程，找到 V^* 的边界条件并求出 V^*。具体思路在下一节详细阐述。

传统 NPV 法则没有考虑投资的不可逆性、可延迟性、收益的不确定性，因为未考虑机会成本，从而高估了项目所能带来的净收益，认为只要当 $V>I$ 时就可以进行投资，而常低估了投资机会价值，导致决策短视或投资不足等情况（Hayes et al.，1982；Dixit et al.，1995），如上文所述实物期权模型则对传统 NPV 法则进行了修正。

4.3.2 Dixit 和 Pindyck 的不确定条件下投资模型

Dixit 和 Pindyck 将实物期权模型引入企业投资决策中，并构建不确定条件下的投资决策模型，应用在企业跨国投资中，使得跨国公司在作出投资时机选择时相当于握着一份期权，等待获得更多信息再进行决策。在不确定条件下的投资决策模型中，企业以投资成本、初始价值以及未来价格的不确定性为决策变量，基于实物期权理论来考察这些因素对实体收益的影响，从而作出投资与否的决策。该经典模型对 NPV 模型进行了修正，在加入成本不确定、投资价值不确定等决策因素后，投资的逻辑会发生改变。基于上文分析，套利动机存在时，影响投资决策的要素又发生了改变，投资逻辑可能发生新的变化。基于此，Dixit 和 Pindyck 不确定条件下投资决策模型与中国矿产资源型国有企业对外直接投资决策模型构建相匹配，同时其对传统 NPV 模型修正的逻辑思路可以被套利动机下投资决策的模型构建所借鉴。因此，本书以 Dixit 和 Pindyck 不确定条件下投资决策模型为基础模型。

令 V 为投资项目价值，I 为项目执行价格（投资成本），T 为到期期限。

首先考虑项目在哪一点支付沉没成本 I 以获得价值 V 是最优的，给定 V 按照以下几何布朗运动变化

$$dV = \mu V dt + \sigma V dz \tag{4-30}$$

其中，dz 为维纳过程增量，μ 和 σ 分别为漂移率和标准差。式（4-30）隐含的条件是项目当前价值已知，未来价值未知但服从对数正态分布，其方差随时间期界线性增长，且项目未来值是不确定的。

企业投资机会等同于一个永久的看涨期权，这样投资决策等同于决定何时执行这一期权。用 $F(V)$ 表示投资机会的价值（投资期权的价值），需要找到使这个值最大化的规则。由于在 t 时刻来自投资的回报为 $Vt-I$，我们希望最大化其预期现值：

$$F(V)=\max E[(V_T-I)e^{-\rho T}] \tag{4-31}$$

其中，E 为期望；T 为作出投资的时间；ρ 为贴现率。最大化受到关于 V 的方程式（4-30）的约束，为使这一问题有意义，必须假定 $\mu<\rho$，否则选择一个较大的 T，式（4-30）中的积分可能会无穷大。这里令 δ 表示 $\rho-\mu$，且 $\delta>0$。

（1）确定性下的情形

在考察不确定性情形前，考察确定性情形是有必要的，即式（4-30）中的 σ 为 0 的情形。

若 $\sigma=0$，则 $V(t)=V_0e^{-\rho t}$，这里 $V_0=V(0)$，给定当前价值 V，则在将来任意时刻 T 的投资机会价值为

$$F(V)=(Ve^{\mu T}-I)e^{-\rho T} \tag{4-32}$$

若 $\mu\leqslant 0$，则 $V(t)$ 为常数或随时间下降，这样，显然 $V>I$ 则立即投资是最优的，否则永不投资。此时，$F(V)=\max(V-I,\ 0)$。

若 $0<\mu<\rho$ 会出现怎样的情况？即使 $V>I$，也会出现 $F(V)>0$，因为最终 V 将超过 I，即使 V 现在超过了 I，等待而不是现在投资也是更好的。为了弄清这一点，最大化式（4-32）中关于 T 的 $F(V)$，一阶条件为

$$\frac{dF(V)}{dT}=-(\rho-\mu)Ve^{-(\rho-\mu)T}+\rho Ie^{-\rho T}=0 \tag{4-33}$$

它隐含着

$$T^*=\max\left\{\frac{1}{\mu}\ln\left[\frac{\rho I}{(\rho-\mu)V}\right],\ 0\right\} \tag{4-34}$$

令 $T^*=0$，则 $V\geqslant V^*$ 时应立即投资，此时

$$V^*=\frac{\rho}{\rho-\mu}I>I \tag{4-35}$$

这里将式（4-34）代入式（4-35）也可以得到 $F(V)$ 的解

$$F(V)=\begin{cases}\left(\dfrac{\mu I}{\rho-\mu}\right)\left[\dfrac{(\rho-\mu)V}{\rho I}\right]^{\frac{\rho}{\mu}}, & V\leqslant V^*\\ V-I, & V>V^*\end{cases} \tag{4-36}$$

（2）不确定性的情形

在 $\sigma>0$ 的一般情形下，V 是随机变化的，投资规则将以临界值 V^* 的形式出现。

当 $V\geqslant V^*$ 时，投资就是最优的。一个较高的 σ 将导致一个较高的 V^*，即等待有更高的价值。一般来说，增长（$\mu>0$）和不确定性（$\sigma>0$）都能创造等待的价值，并因此影响投资时机。

$F(V)$ 在投资实施的 T 时刻前不会产生现金流，持有的唯一回报是其资本增值。在连续时间段的贝尔曼方程为

$$\rho F\mathrm{d}t=E(\mathrm{d}F) \tag{4-37}$$

式（4-37）说明，在时间段 $\mathrm{d}t$，投资机会的预期回报等于其资本的预期增值率。

利用伊藤引理来展开 $\mathrm{d}F$，则

$$\mathrm{d}F=F'(V)\mathrm{d}V+\frac{1}{2}F''(V)(\mathrm{d}V)^2 \tag{4-38}$$

其中，$F'(V)=\dfrac{\mathrm{d}F}{\mathrm{d}V}$，$F''(V)=\dfrac{\mathrm{d}^2F}{\mathrm{d}V^2}$。将式（4-30）中的 $\mathrm{d}V$ 代入式（4-38），并使得 $E(\mathrm{d}z)=0$，得到

$$E(\mathrm{d}F)=\mu VF'(V)\mathrm{d}t+\frac{1}{2}\sigma^2V^2F''(V)\mathrm{d}t \tag{4-39}$$

则贝尔曼方程变为

$$\frac{1}{2}\sigma^2 V^2 F''(V) + \mu V F'(V) - \rho F(V) = 0 \tag{4-40}$$

同时，$F(V)$ 需要满足以下边界条件

$$F(0) = 0 \tag{4-41}$$

$$F(V^*) = V^* - I \tag{4-42}$$

$$F'(V^*) = 1 \tag{4-43}$$

条件式（4-41）来自当 $V=0$ 时，$F(V)$ 将保持为 0 的观察［这是 V 随机过程式（4-30）的隐含意义］，当 $V=0$ 时，投资期权将是无价值的。另两个条件来自对最优投资的考虑，V^* 是投资为最优时的价值。式（4-42）为价值匹配条件，说明此刻投资可获得V^*-I 的净回报。式（4-43）为平滑粘贴条件，如果 $F(V)$ 不是连续的，且在临界点 V^* 不是平滑的，在不同点实施投资可能更好。

为满足边界条件式（4-41），解必须采用下列形式

$$F(V) = AV^{\beta} \tag{4-44}$$

其中，A 为待定常数，$\beta>1$ 为已知常数，其数值取决于微分方程中的参数 σ、ρ 和 μ。

将式（4-44）代入式（4-42）和式（4-43）整理可得

$$V^* = \frac{\beta}{\beta - 1} I \tag{4-45}$$

$$A = \frac{V^* - I}{(V^*)^{\beta}} = \frac{(\beta - 1)^{\beta - 1}}{(\beta)^{\beta} I^{\beta - 1}} \tag{4-46}$$

式（4-44）~式（4-46）给出了投资机会的价值和最优投资规则，即在临界点 V^* 投资最优。因为$\beta>1$，则有$\frac{\beta}{\beta-1}>1$ 且$V^*>1$。因此，可以看出简单的 NPV 规则是错误的。

4.4　套利动机下不确定性投资决策模型分析

套利动机下不确定性投资决策模型的构建思路是以 Dixit 和 Pindyck 构建的不确定条件下的投资模型为基础，将新的变量——套利收益引入基础模型，构建套利动机下不确定性投资决策的总体模型框架，从而分析套利动机下矿产资源型国有企业对外直接投资决策的决策逻辑，并剖析套利动机对其投资决策产生的影响。

假设矿产资源型国有企业拟在海外进行一项投资，由于套利动机的存在，则该项投资的投资价值 V 将分为项目投资本身带来的直接实体收益 P（投资价值）和套利收益 W，而如前文分析 W 由三种套利收益变量共同决定，则制度套利收益、期限套利收益和市场套利收益分别为 W_a、W_b、W_c，$W=w(W_a, W_b, W_c)$，V 由 P 和 W 共同决定，则有 $V=v[P,w(W_a, W_b, W_c)]$，V 服从几何布朗运动，即 $dV=\mu Vdt+\sigma Vdz$。其中 dz 为维纳过程增量，μ 和 σ 分别为漂移率和标准差。令 I 为投资的执行价格，即投资成本。$F(V)$ 为项目投资机会价值。这里依然对确定性情形和不确定性情形分别讨论。

4.4.1　确定性情形

假设条件与基础模型相同，$\sigma=0$，$dV=\mu Vdt$，给定 V_0 为项目初始时刻 0 的价值，则 $V_0=V(0)=v_0(P, w)$。项目在 t 时刻的价

值满足 $V(t)=v_0(P,w)e^{-\rho t}$，其中 ρ 为贴现率。若选择在 T 时刻进行投资，则此时投资机会的价值为

$$F(V)=[v(P,\ w)e^{\mu T}-I]e^{-\rho T} \tag{4-47}$$

为使以下分析有意义，则必须有 $\rho>\mu$，式（4-47）的一阶条件为

$$\frac{dF(V)}{dT}=-(\rho-\mu)v(P,\ w)e^{-(\rho-\mu)T}+\rho Ie^{-\rho T}=0 \tag{4-48}$$

在此条件下意味着对于企业而言，最优投资时机为

$$T^*=\max\left\{\frac{1}{\mu}\ln\left[\frac{\rho I}{(\rho-\mu)v(P,\ w)}\right],\ 0\right\} \tag{4-49}$$

令 $T^*=0$，可以得到

$$V^*=v^*(P,\ w)=\frac{\rho}{\rho-\mu}I \tag{4-50}$$

V^* 是项目投资的临界值，当项目投资价值 $V\geqslant V^*$ 时应立刻投资。

4.4.2 不确定性情形

参照基础模型的设定，$F(V)$ 需满足微分方程

$$\frac{1}{2}\sigma^2[v(P,\ w)]^2F''(V)+\mu v(P,\ w)F'(V)-\rho F(V)=0 \tag{4-51}$$

其中，$F'(V)=\frac{dF}{dV}$，$F''(V)=\frac{d^2F}{dV^2}$。

根据价值匹配原则和平滑粘贴条件，$F(V)$ 需要满足以下边

界条件

$$F(0)=0 \tag{4-52}$$

$$F(V^*)=V^*-I=v^*(P,\ w)-I \tag{4-53}$$

$$F'(V^*)=1 \tag{4-54}$$

其中，V^*是项目投资价值临界值。式（4-52）表示当投资项目价值为0时，投资期权是没有价值的；根据价值匹配原则，式（4-53）表示此时投资可以获得$v^*(P,w)-I$的回报；式（4-54）为平滑粘贴条件。为满足式（4-52），$F(V)$应采取$F(V)=m[v(P,w)]^\beta$的形式，其中m为待定系数，$\beta>1$为已知常数，代入式（4-53）和式（4-54）解得临界值V^*和参数m

$$V^*=v^*(P,\ w)=\frac{\beta}{\beta-1}I \tag{4-55}$$

$$m=\frac{(\beta-1)^{\beta-1}}{\beta^\beta I^{\beta-1}} \tag{4-56}$$

同时根据式（4-48）可以得到$\frac{1}{2}\sigma^2\beta(\beta-1)+\mu\beta-\rho=0$，可以解得

$$\beta=\frac{1}{2}-\frac{\mu}{\sigma^2}+\sqrt{\left(\frac{\mu}{\sigma^2}-\frac{1}{2}\right)^2+\frac{2\rho}{\sigma^2}} \tag{4-57}$$

从模型公式中可以看出，投资价值和投资成本采取何种形式，将直接影响项目投资机会价值的大小以及项目价值临界值与投资成本之间的数量关系。而这些变量数量上的关系作为矿产资源型国有企业进行投资决策的重要依据，将直接影响企业的最终

投资决策。在总体套利模型分析中，仅将 w 进行概念上的框架分析，以说明套利动机形成套利收益在投资决策模型中的位置以及建模思路。而基于上文套利动机及机制的分析，不同的套利动机传导机理存在差异，会从不同方面影响投资成本、投资价值等决策变量，体现在模型数量关系中将呈现出不同要素的变化，从而影响投资决策。不同套利动机下应采取怎样的变量形式，又产生与非套利动机怎样的投资差异，将在本书第 5 章中具体分析。而不同套利动机同时存在时相互间的影响及在投资决策中权重的差异将在实证部分补充验证。

4.5 本章小结

本章主要进行了中国矿产资源型国有企业对外直接投资的套利动机分析，认为矿产资源的金融属性和不同市场及不同所有制特征的差异等为矿产资源型国有企业套利的形成提供了必要条件。对套利动机的不同种类进行具体分析，通过分析套利动机对投资决策的影响作用机理及传导过程筛选出衡量套利动机的指标。分析得知套利动机在不同条件下通过影响投资决策变量的不确定性，形成不同的套利收益，影响投资决策。这里，发现制度套利因为制度势差和所有制势差通过造成投资成本的不确定性影响投资决策，期限套利通过矿产资源产品价格时滞差异造成投资标的资产价值不确定性影响投资决策，市场套利因外部事件冲击造成投资标的初始价值的不确定性影响投资决策。在了解套利动机影响作用机理的基础上，通过对实物期权模型的介绍，引出 Dixit 和 Pindyck 在不确定条件下的投资决策模型，并以此模型为基础模型构建了套利动机下矿产资源型国有企业对外投资决策模型总体框架，将套利收益作为新的变量纳入模型中，一方面体现了本书的研究思路，另一方面为下一章套利动机下中国矿产资源型国有企业对外直接投资决策模型构建奠定基础。

第5章 套利动机下中国矿产资源型国有企业对外直接投资决策模型构建

套利动机在不同条件下会对投资决策中不同的变量产生影响，进而将形成不同的套利收益，从而影响投资决策。本书中矿产资源型国有企业对外直接投资的套利动机被区分为制度套利、期限套利和市场套利。为进一步研究不同套利动机对矿产资源型国有企业对外投资决策产生的影响，并研判其投资决策行为规律及优化，本章有针对性地构建不同套利动机下的投资决策模型。

5.1 制度套利动机下矿产资源型国有企业对外直接投资决策模型

依据前文对制度套利的分析，国有企业因其所有制优势与特性，在国际化和并购的关键阶段明显受益于政府支持。国有企业无论是政策、资金或其他资源都具备很强的先天易得优势，使得其进行对外投资的成本包括非必要成本，实质上形成了一种全社会承担的补贴机制。而这正是引起国有企业形成制度套利动机的一个根本条件。受国家制度环境干预、不完善的经济改革、渐进的制度改革影响，对国有企业的政策在长时间内不会有根本的改变，国有企业海外资产监督管理制度还有待进一步完善。因此，制度套利动机的这一源泉会长期存在并主要明显体现在对海外投资成本的影响上，故将制度套利收益固定地看作对投资成本的弥补。

5.1.1　模型构建与求解

如上文所述，这里将制度套利的套利收益视为定值 W_0（$W_0>0$），实质上形成对投资成本的弥补，与基本模型不同，这里 $V=P$，投资成本为 $I-W_0$。仍然按投资价值确定和不确定两种情形进行分析。

（1）投资价值确定的情形

与前文所述总体模型类似，项目投资价值为 $V=P$，有 $\sigma=0$，且 $\mathrm{d}V=\mathrm{d}P=\mu P\mathrm{d}t$。若企业决定在将来某一时刻 T_1 进行投资，则此时投资机会的价值为

$$F_1(V)=[P\mathrm{e}^{\mu T_1}-(I-W_0)]\mathrm{e}^{-\rho T_1} \tag{5-1}$$

根据总体模型分析，同理可以得到投资的最优时机

$$T_1^{\ *}=\max\left\{\frac{1}{\mu}\ln\left[\frac{\rho(I-W_0)}{P(\rho-\mu)}\right],\ 0\right\} \tag{5-2}$$

以及投资资产价值临界值

$$P^*=\frac{\rho}{\rho-\mu}(I-W_0) \tag{5-3}$$

在确定情形下，矿产资源国有企业对外投资项目的最优投资时机为 T_1^*，当投资价值 $V \geqslant P^*$ 时，应立刻投资。

（2）投资价值不确定的情形

令项目投资的直接价值为 P_1，则 $V=P_1$，$\mathrm{d}P_1=\mu P_1\mathrm{d}t+\sigma P_1\mathrm{d}z$。与总体模型类似，与前文总体模型中不确定情形类似，这里投资机会价值主要受投资资产价值变化的影响，投资机会价值可以表示为 $F(P_1)=m_1 {P_1}^{\beta_1}$ 的形式。参考式（4-51）~式（4-54）可以解出投资发生时资产价值临界值 P_1^* 和参数 m_1 和 β_1：

$$P_1^* = \frac{\beta_1}{\beta_1 - 1}(I - W_0) \tag{5-4}$$

$$m_1 = \frac{(\beta_1 - 1)^{\beta_1 - 1}}{{\beta_1}^{\beta_1}(I - W_0)^{\beta_1 - 1}} \tag{5-5}$$

$$\beta_1 = \frac{1}{2} - \frac{\mu}{\sigma^2} + \sqrt{\left(\frac{\mu}{\sigma^2} - \frac{1}{2}\right)^2 + \frac{2\rho}{\sigma^2}} \tag{5-6}$$

5.1.2 制度套利动机对投资决策的影响

为明晰制度套利动机对企业投资决策产生的影响，将制度套利动机下的投资决策模型与不存在套利动机时 Dixit 和 Pindyck 基础决策模型进行对比分析。

（1）确定性的情形

①在确定性情形下，Dixit 和 Pindyck 基础决策模型的最优投资时机为：$T^*=\max\left\{\frac{1}{\mu}\ln\left[\frac{\rho I}{(\rho-\mu)\ V}\right],\ 0\right\}$［见式（4-34）］，显然

$T^*>T_1^*$，说明存在制度套利动机时，最优投资时间与不存在套利动机的情况相比会提前，投资者会减少等待时间，也即制度套利动机加速了投资的进行。

②在不存在套利动机的情况下，基础模型中投资临界值为 $V_1^*=\frac{\rho}{\rho-\mu}I>I$，很明显 $V_1^*>P^*$。在不存在套利动机时，由于引入期权概念，$V_1^*=\frac{\rho}{\rho-\mu}I>I$ 说明由于投资机会价值的存在，最优投资价值的临界值要保证至少是 I 的$\frac{\rho}{\rho-\mu}$倍。而在此基础上，存在制度套利机会时，投资价值临界值与仅存在期权的情况相比有所减小。由式（4-53）可知，投资机会的价值会随投资价值的减小而减小，即项目投资价值的减小降低了等待的价值。因而，当 $V_1^*>P^*$ 时，企业会减少等待，即制度套利动机加速了投资，使得投资相对提前了。同时，也说明在有制度套利动机的情况下，相对较小的投资价值也会促使企业进行投资。

③$P^*-I=\frac{1}{\rho-\mu}(\mu I-\rho W_0)$，这里$\frac{1}{\rho-\mu}>0$，但 $\mu I-\rho W_0$ 的值不确定，这使得存在制度套利机会时，投资价值临界值和项目投资成本之间的大小关系就无法确定。在 NPV 法则中，投资临界值为 I，在投资价值大于投资成本时即可投资，在引入期权概念后不存在套利动机的情况下，由于投资机会价值的存在，最优投资临界值在投资成本 I 的$\frac{\rho}{\rho-\mu}$倍以上即可投资。但这里不难看出，制度套利动机的存在改变了以上两个投资决策规则，这意味着当制

度套利存在时，在未来某时刻即使投资价值小于投资成本企业也可能进行投资。

（2）投资价值不确定的情形

①在不存在套利动机的情况下，基础模型中投资临界值 $V_2^* = \frac{\beta_2}{\beta_2 - 1}I$，$\beta_2 = \frac{1}{2} - \frac{\mu}{\sigma^2} + \sqrt{\left(\frac{\mu}{\sigma^2} - \frac{1}{2}\right)^2 + \frac{2\rho}{\sigma^2}}$，这里 $\beta_1 = \beta_2$，则可得到 $V_2^* > P_1^*$，与确定性情况类似，在投资价值不确定的情形下，制度套利动机下，投资价值临界值依然会减小，即企业会缩短等待时间，加速投资。

②同样处于投资临界值时，存在制度套利动机时投资机会价值为 $F(P_1^*)$，不存在套利动机时投资机会价值为 $F(V_2^*)$，有 $F(P_1^*) - F(V_2^*) = -\frac{\beta_1}{\beta_1 - 1}W_0 < 0$，即 $F(P_1^*) < F(V_2^*)$。这说明存在套利动机时的投资机会价值比不存在套利动机时要小。与确定性情形类似，在不确定性情形下，制度套利动机的存在减小了投资机会价值，减少了企业等待时间，促使企业提早投资。

③$P_1^* - I = \frac{1}{\beta_1 - 1}(I - \beta_1 W_0)$，其中 $\frac{1}{\beta_1 - 1} > 0$，$I - \beta_1 W_0$ 的值不确定。与确定性情形类似，这里不能确定投资临界值和投资成本的数值大小关系，即将来在投资价值小于投资成本的某一时刻投资也可能发生。

5.1.3 数值模拟

对确定性情形下无套利动机和存在套利动机时的投资机会价

值变化进行数值模拟比较，这里设置基准参数值：$I=3$，$W_0=1$，$\rho=0.1$，$\mu=0$，V 的变化范围为 0.1~5。[①] 图 5-1 分别描绘出不存在套利动机和存在制度套利动机下投资机会价值关于投资价值的变化情况。且图 5-1 中在无套利情况下 $F(V)$ 与直线 $V-I$ 的切点位于临界值 V^*，在存在制度套利时 $F(V)=F(P)$ 与直线 $P-(I-W_0)$ 的切点位于临界值 P^*，是发生投资的临界值。通过数值模拟，更直观明了地看出在制度套利动机驱使下 $P^*=2$，投资价值相对于无套利的情况 $V^*=3$ 更小，企业在套利动机的驱使下，减小了投资价值临界值，会缩短等待时间，加速投资计划。

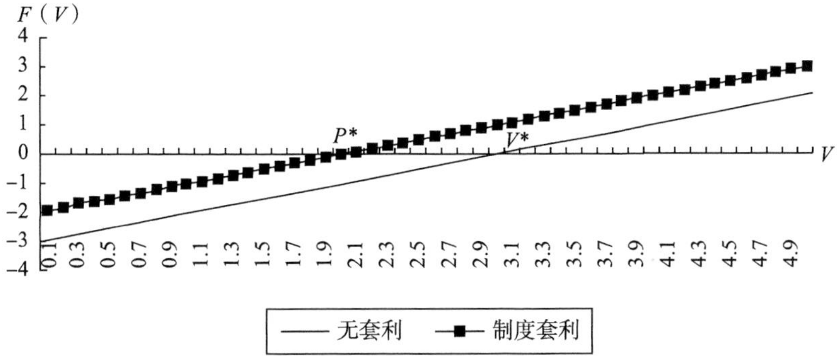

图 5-1　投资机会价值关于投资价值的变化

从模型分析可以看出，无论资产价值处于怎样的变化中，在制度套利的驱使下，矿产资源型国有企业都会选择加快投资步伐。而由于资源的易得性，国有企业在对外投资时比非国有企业较少考虑成本问题，而更倾向于投资难度大、风险高的项目。在

---

① 本书数值模拟的参数值设定参照 Dixit 和 Pindyck 模型的参数值设定。（迪克西特，平迪克．不确定条件下的投资［M］．北京：中国人民大学出版社，2013：121-149.）

制度优势的支持下，第一，为了尽早获得成熟市场带来的政策便利，积极向欧美发达国家投资而承担其对中国较多的投资壁垒带来的高额市场进入成本，尤其是集中投资在传统资源强国澳大利亚、加拿大，大规模的投资已引起其较高的警惕，其原本相对宽松的外资投资环境也逐渐对中国收紧；同时，这也使得中国企业在面临国际竞争的同时自相竞争。第二，先天易得优势使得其进行对外投资的成本实质上形成了一种全社会承担的补贴机制。因此，企业占有的资源和具备的政策优势越多，就会越快进行海外布局，就能越早拿到这种“全民补贴”，因为即使亏损，承担者也不是企业本身。第三，为获取“走出去”政策福利或满足政治联系下的政绩需求，为了任期内相对较短时间的投资机会，决策者可能不顾企业自身能力和投资风险加速投资，处于竞争弱势地位仍要花大价钱竞标，对于一些投资环境差，尤其是政治风险高的地区（Voss et al.，2010）或者是高风险项目，在明知风险发生概率很高的情况下仍冒险投资。另外，由于委托代理问题的存在，决策层通过制度套利获取私利的机会很大，即使这部分收益相对于投资价值来说很小，也可能成为左右投资决策的砝码，促使对外投资加速；加之海外监管缺位，为了享受国内享受不到的特权统治和消费，决策层也可能加速海外布局。因而，制度套利对投资决策可以从投资区域的选择上体现出来，这一点将在实证研究中补充验证。同时，制度套利动机对投资量决策的影响也将在实证部分用实际数据进行验证。

5.2　期限套利动机下矿产资源型国有企业对外直接投资决策模型

在国内矿产资源需求的拉动下，全球矿产资源商品价格大幅上涨，在价格传导过程中，价格的传递存在时滞性，国内外矿产资源价格就会有一定的差异，因此形成了一个套利的机会。国内外市场的价格差异是期限套利形成的一个主要条件和根源，如同金融市场套利一样，这种套利机会是短暂的，会随时间的推移而消失。但国有企业拥有雄厚的资金，能够在发现这种差异的时刻快速作出反应进行投资。同时也不难发现，期限套利中的投机行为隐蔽性较强，与企业低吸高抛的策略投资行为有时难以区分。为了研究这种期限套利对投资决策的影响，这里进行期限套利下矿产资源型国有企业对外投资决策模型的构建，将价格时滞引起期限套利的这一主要特点纳入模型变量中。

5.2.1　模型构建与求解

期限套利收益是不确定的，随着时间推移套利空间将不断缩小直到消失，这一特征决定了项目投资价值的不确定性由套利收益 W 决定。因此，这里假设投资时直接实体收益 P 为定值，即 $P=P_0$，则项目投资价值 $V=W$。而投资成本为 $I-P_0$，即这里确定

收益 P_0 相当于形成了一种成本的补贴。同时，为了体现期限套利的特征，与基础模型不同，这里借鉴 Grenadier 等（2005）的设定，满足方程 $dW=-\frac{\mu V}{T-t}dt+\sigma\frac{V}{T-t}dz$，通过时间项的变动，该方程体现出套利空间随着投资时间的推迟而减小，即投资越晚套利收益就越小。此时，企业的投资机会价值主要受套利收益的影响。对期限套利收益进行设定有

$$F(V)=F(W)=-m_2\frac{W^{\beta_3}}{T-t} \tag{5-7}$$

这里 $-\frac{1}{T-t}$ 表示 $t\to T$ 时，期限套利 W 随时间推移递减到消失为止。

令 $m_3=-\frac{m_2}{T-t}$，对式（5-7）进行替换则有 $F(W)=m_3W^{\beta_3}$。参照总体模型的推导，可以解得投资时刻期限套利动机下投资价值临界值 W^* 以及参数 m_3

$$W^*=\frac{\beta_3}{\beta_3-1}(I-P_0) \tag{5-8}$$

$$m_3=\frac{(\beta_3-1)^{\beta_3-1}}{\beta_3{}^{\beta_3}(I-P_0)^{\beta_3-1}} \tag{5-9}$$

由式（4-57）推导过程可知，β_3 满足方程 $\frac{\sigma^2}{2(T-t)^2}\beta_3(\beta_3-1)-\frac{\mu}{T-t}\beta_3-\rho=0$。

则可以解得

$$\beta_3 = \frac{1}{2} + \frac{\mu}{\sigma^2}(T - t) + \sqrt{\left[\frac{\mu(T - t)}{\sigma^2} + \frac{1}{2}\right]^2 + \frac{2\rho\ (T - t)^2}{\sigma^2}} \tag{5 - 10}$$

可以看出，期限套利在价格时滞作用下，通过增加 β_3 的不确定性从而影响投资价值临界值，进而影响投资机会价值。

5.2.2　期限套利动机对投资决策的影响

①根据上述结果可以得出 $W^* - I = \frac{1}{\beta_3 - 1}(I - \beta_3 P_0)$，类似于制度套利的结论，虽然 $\frac{1}{\beta_3 - 1}$ 大于 0，但是 $I - \beta_3 P_0$ 的大小不能确定。因此，在期限套利动机下，也可能存在即使未来项目投资价值小于投资成本，企业仍进行投资的情况。

②这里由于 $\beta_2 \neq \beta_3$，则不能直接对期限套利下投资临界值与无套利的情况进行对比。首先对 β_2 和 β_3 进行对比，再进一步判断其他变量的数量关系。由其表达式可以得到 $\beta_2 < \beta_3$，但当 β 越大时，楔子 $\frac{\beta}{\beta - 1}$ 越小，则有 $\frac{\beta_2}{\beta_2 - 1} > \frac{\beta_3}{\beta_3 - 1}$，有 $W^* - V_2^* = \left(\frac{\beta_3}{\beta_3 - 1} - \frac{\beta_2}{\beta_2 - 1}\right) I - \frac{\beta_3}{\beta_3 - 1} P_0 < 0$，即 $W^* < V_2^*$。由于期限套利的存在，企业投资价值临界值减小了，即企业会缩短投资的等待时间，加速投资。

③基于②对 $\beta_2 < \beta_3$ 的分析，对投资机会价值进行比较。在

不存在套利动机时，投资机会价值为 $F(V_2^*)$，存在期限套利时，投资机会价值为 $F(W^*)$，可以得到 $F(W^*)-F(V_2^*)=\left(\frac{\beta_3}{\beta_3-1}-\frac{\beta_2}{\beta_2-1}\right)I-\frac{1}{\beta_3-1}P_0<0$，则 $F(W^*)<F(V_2^*)$，即期限套利的存在使得投资机会价值减小了，企业将减少投资等待时间，提前进行投资。

5.2.3 数值模拟

对于上述分析，通过数值模拟观察期限套利下投资价值和投资机会价值随时间变化而变化。这里，设定参数值 $I=2$，$P_0=1$，$\rho=0.04$，$\mu=0.1$，$\sigma=0.2$，时间的变化范围为 1~15，间隔为 1。图 5-2 为 β_3 对时滞 $T-t$ 的依赖路径，呈递增趋势，说明期限套利动机作用下，价格的时滞作用使 β_3 随时间的推移递增。图 5-3 为投资价值临界值 $V^*=W^*$ 对时滞 $T-t$ 的依赖路径，呈递减状态。图 5-4 为投资机会价值 $F(V^*)=F(W^*)$ 对时滞 $T-t$ 的依赖路径，呈递减状态。与上文推理一致，β_3 的上升导致楔子 $\frac{\beta_3}{\beta_3-1}$ 的下降，使得投资价值临界值和投资机会价值随时间的推移不断减小，企业为抓住获取期限套利收益的机会，倾向加快投资步伐。

由上文分析可见，在期限套利下，借助国有企业所有制优势，矿产资源型国有企业会加速海外布局。但是期限套利的套利机会是短暂的，其套利收益会随时间推移逐渐减少直至消失，然而企业作出投资决策只能依据历史信息，对外直接投资不是一蹴

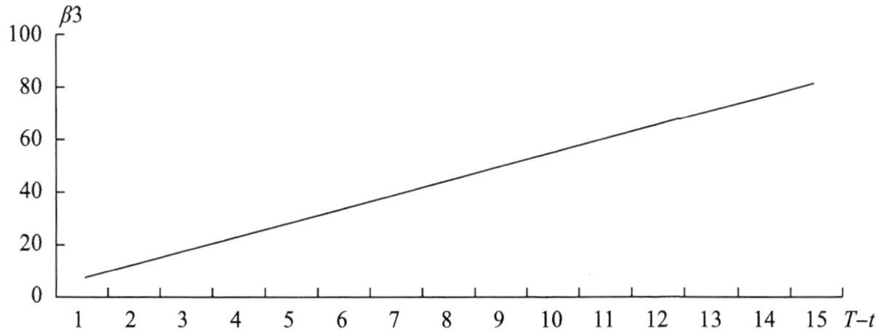

图 5−2　系数 β_3 对时滞 $T-t$ 的依赖路径

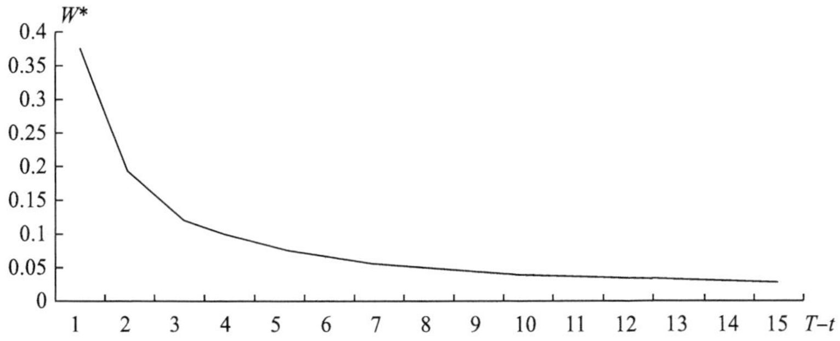

图 5−3　投资价值临界值 W^* 对时滞 $T-t$ 的依赖路径

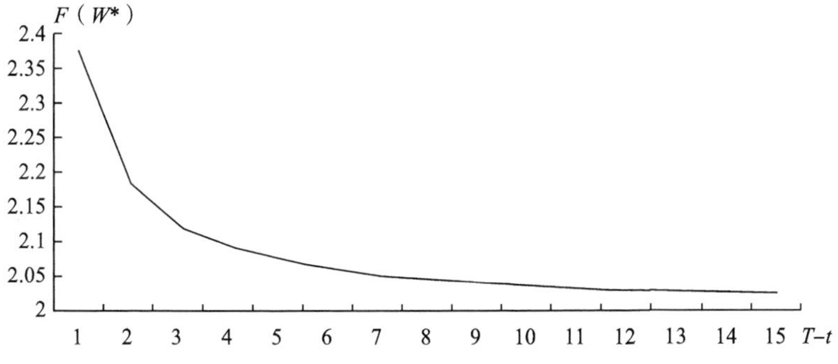

图 5−4　投资机会价值 $F(W^*)$ 对时滞 $T-t$ 的依赖路径

而就的，在时滞性存在的客观条件下，企业作出投资决策那一刻的信息在投资真正实施时已经成为历史信息，其时效性也大打折扣，价格差异这一期限套利的条件也可能不复存在。正如上文分析，投资越晚期限套利收益就越小，为了抓住短暂的期限套利机会，国有企业具备投资的实力和条件，很容易产生投资冲动而减少投资等待时间。但这样的投资往往容易形成投机性投资，企业在投资决策时关注的重点是矿产资源的金融属性而非其实体属性，这类投资在注重价格差异带来收益可能的同时容易忽略企业自身长远发展战略，投资一些迅速产生回报的项目或并未认真考察项目的可持续发展性，实质上形成一种投资短视（Hayes et al.，1982）。同时，若投资决策被资产投机所主导，期限套利发展到一定程度就会完全脱离实体经济，发展为纯粹的投机，因而大大增加了投资风险，易造成项目亏损等问题。直接投资是一个长期的过程，企业发展战略、标的企业的企业价值及持续发展能力等实质性要素才是进行投资决策时应该首要考虑的，企业应不断提高动态研判能力，而不应仅为了捕捉价格差异带来的期限套利机会而进行投资。对于期限套利对投资量决策的影响将在实证部分进一步验证。

5.3 市场套利动机下矿产资源型国有企业对外直接投资决策模型

如前文分析，全球金融危机后中国矿产资源型国有企业进行了集中的、大规模的对外直接投资。金融危机在全球的影响都很大，但存在区域的不均衡性。相较金融危机中心美国及其他关联性较强的发达市场，中国受到的影响相对较小。这使得受经济危机影响较大的市场的许多矿业公司资产严重缩水，许多大型跨国矿业集团竞争实力被削弱，进一步拉大了国内外企业资产价值的差异。而在这种冲击下，矿产资源型国有企业自身特性和优势加剧了其把握时机的冲动和能力，形成市场套利动机。当然，除了金融危机产生的冲击外，市场中还有很多类似事件，其冲击可能使企业资产价值出现腰斩等机会性下跌，从而出现市场套利机会。这种套利动机下套利收益的形成主要是外部事件冲击下投资标的资产价值初始值变化引起的。因此，在模型中纳入描述外部事件冲击下市场套利驱动的资产价值初始值变化这一特征的变量。

5.3.1 模型构建与求解

这里投资标的资产价值初始值变化是由外部事件冲击引起的，从而形成市场套利收益，与基础模型不同，这里利用跳跃过程的随机方程来描述外部事件冲击导致的投资初始价值的下跌，则投资价值 $V=P_2$，即 P_2 符合

$$dP_2 = \mu P_2 dt + \sigma P_2 dz - P_2 dq \qquad (5-11)$$

这里，dq 和 dz 是独立的，dq 为平均发生率为 λ 的泊松过程中的增量。由于套利收益是由资产价值的变化引起的，则市场套利收益 W 内含于该跳跃过程中，相当于形成加速其初始值下降的一个概率。假定外部冲击事件发生，q 将以概率 1 下降固定百分比 $\alpha=W_1+W_2$。其中 W_1 是客观经济环境造成的初始值下降冲击，在此冲击下能够形成市场套利，一方面国有企业性质使其在冲击

下企业价值受影响较小，另一方面强大的资金支持增强了其国际竞争实力。相对于国外受冲击较严重的企业而言，其在套利动机下相当于对 P_2 加强了一个 W_2 的下降冲击，形成 α。式（5-11）表示 P_2 将以几何布朗运动波动，但是在每一时间间隔 $\mathrm{d}t$，都将以小概率 $\lambda\mathrm{d}t$ 下降到其初始价值的 $1-\alpha$ 倍，即投资资产价值的剩余百分比为 $1-\alpha$，然后继续波动，直到下一事件的发生。

这里，注意到 $V=P_2$ 的预期变化率不是 μ，而是 $\left(\frac{1}{\mathrm{d}t}\right)\frac{E(\mathrm{d}P_2)}{P_2}=\mu-\lambda\alpha$，$P_2$ 下降 100%的概率为 $\lambda\mathrm{d}t$。提高 λ 则通过增加 P_2 瞬时下跌的机会降低了其资本预期收益率。另外，外部冲击事件并不是频繁发生，大部分发生在很短的时间间隔 $\mathrm{d}t$ 内。$\frac{\mathrm{d}P_2}{P_2}$ 的方差为布朗运动的方差 $\sigma^2\mathrm{d}t$，但外部冲击事件发生时会导致非常大的偏差。因此，在 t 时刻事件发生，对给定信息计算出来的方差的影响不能忽视。为简化，令 $\mu=0$，由布朗运动的随机游走近似得到式（5-12）

$$\mathrm{d}P_2=\begin{cases}\sigma P_2\sqrt{\mathrm{d}t}，\text{概率为}\frac{1}{2}(1-\lambda\mathrm{d}t)\\ -\sigma P_2\sqrt{\mathrm{d}t}，\text{概率为}\frac{1}{2}(1-\lambda\mathrm{d}t)\\ -\alpha P_2，\text{概率为}\lambda\mathrm{d}t\end{cases}\tag{5-12}$$

则

$$E(\mathrm{d}P_2)=-\lambda\mathrm{d}t\alpha P_2\tag{5-13}$$

$$E[(\mathrm{d}P_2)^2]=(1-\lambda\mathrm{d}t)\sigma^2{P_2}^2\mathrm{d}t+\lambda\mathrm{d}t\alpha^2{P_2}^2\tag{5-14}$$

$$\mathrm{var}(\mathrm{d}P_2)=E[(\mathrm{d}P_2)^2]-[E(\mathrm{d}P_2)]^2=\sigma^2 {P_2}^2\mathrm{d}t+\lambda\alpha^2 {P_2}^2\mathrm{d}t \tag{5-15}$$

可以看到这一方差有两个部分：第一部分 $\sigma^2 {P_2}^2\mathrm{d}t$ 为 $\mathrm{d}P_2$ 的瞬时方差，它来自过程的布朗运动部分，且以没有跳跃发生为条件。第二部分 $\lambda\alpha^2 {P_2}^2\mathrm{d}t$ 说明了跳跃的可能。为了测度 λ 变化产生的影响，这里需要首先知道 T 的期望值，T 为 P_2 下降前即冲击事件发生前的连续波动时间。设定（0，T）的时间间隔内，不发生外部事件冲击的概率为 $\mathrm{e}^{-\lambda T}$，则在（T，$T+\mathrm{d}T$）的时间间隔内发生第一次事件的概率为 $\mathrm{e}^{-\lambda T}\lambda\mathrm{d}T$。

为了测量 λ 的变化，需要知道 T 的期望值，它是指 P_2 下降前连续波动的时间。为决策 $E(T)$，我们利用这样一个事实，即在时间间隔（0，T）内，冲击事件不发生的概率为 $\mathrm{e}^{-\lambda T}$。因此，在小的间隔（T，$T+\mathrm{d}T$）内第一个冲击事件发生的概率为 $\mathrm{e}^{-\lambda T}\lambda\mathrm{d}T$。因此，$P_2$ 发生泊松跳跃前的期望时间为

$$E(T)=\int_0^{\infty}\lambda T\mathrm{e}^{-\lambda T}\mathrm{d}T=\frac{1}{\lambda} \tag{5-16}$$

假设企业为风险中性时，其贴现率 $\rho=r$，投资机会价值 $F(P_2)$ 的贝尔曼方程为 $rF\mathrm{d}t=E(\mathrm{d}F)$，利用混合布朗运动与泊松过程的伊藤引理展开 $\mathrm{d}F$，则有

$$\frac{1}{2}\sigma^2 {P_2}^2F''(P_2)+\mu P_2F'(P_2)-(r+\lambda)F(P_2)+\lambda F[(1-\alpha)P_2]=0 \tag{5-17}$$

同样满足总套利模型中的边界条件，式（5-17）的解仍为 $F(V_2)=m_4P_2^{\beta_4}$ 的形式。由式（4-57）推导过程可知，β_4 为满足

以下非线性方程的正解

$$\frac{1}{2}\sigma^2\beta_4(\beta_4-1)+\mu\beta_4-(\lambda+\rho)+\lambda(1-\alpha)^{\beta_4}=0 \tag{5-18}$$

则给定β_4，可知投资价值临界值 P_2^* 和参数 m_4 为

$$P_2^*=\frac{\beta_4}{\beta_4-1}I \tag{5-19}$$

$$m_4=\frac{(\beta_4-1)^{\beta_4-1}}{\beta_4{}^{\beta_4}I^{\beta_4-1}}I \tag{5-20}$$

5.3.2 市场套利动机对投资决策的影响

（1）仅考虑 W_1，比较有无外部事件冲击下市场套利动机对投资决策的影响

①$\beta_4>1$，则 $P_2^*-I=\frac{1}{\beta_4-1}I>0$，在外部事件冲击下市场套利存在时，投资价值大于投资成本的$\frac{1}{\beta_4-1}$倍时可进行投资，这与无外部冲击时情况一致。

②同样由于$\beta_2\neq\beta_4$，则不能直接对外部事件冲击下市场套利下的投资临界值 P_2^* 与无外部事件冲击时投资临界值 V_2^* 的大小进行对比。由式（5-18）可知β_4 的解比较复杂，这里通过数值模拟的方法比较β_2 和β_4 的大小。此时，β_4满足$\frac{1}{2}\sigma^2\beta_4(\beta_4-1)+\mu\beta_4-(\lambda+\rho)+\lambda(1-W_1)^{\beta_4}=0$，由式（4-57）的推导过程可知，$\beta_2$

满足$\frac{1}{2}\sigma^2\beta(\beta-1)+\mu\beta-\rho=0$。

令

$$g(\beta)=\frac{1}{2}\sigma^2\beta(\beta-1)+\mu\beta-\rho \tag{5-21}$$

$$s(\beta)=\frac{1}{2}\sigma^2\beta(\beta-1)+\mu\beta-(\lambda+\rho)+\lambda(1-W_1)^\beta \tag{5-22}$$

β_2 和 β_4 分别是方程 $g(\beta)=0$ 和 $s(\beta)=0$ 的解。令 $\lambda=0.2$，$\rho=0.04$，$\mu=0.1$，$\sigma=0.2$，$W_1=0.8$，$W_2=0$，同时 $\beta\in(1.1,6)$，变化间隔为0.5，则 $g(\beta)$ 和 $s(\beta)$ 如图5-5所示。

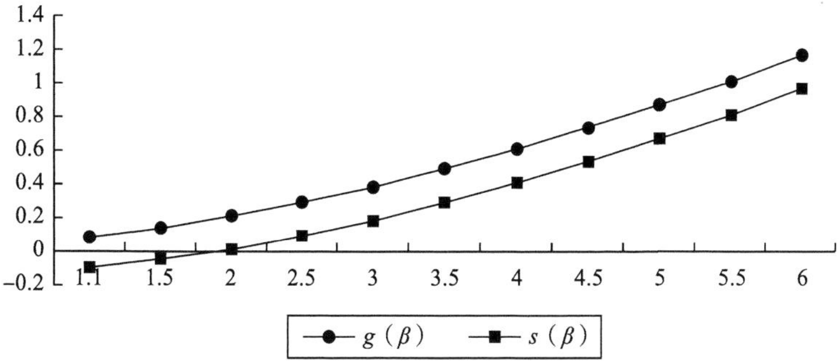

图5-5　$g(\beta)$ 与 $s(\beta)$ 关系示意图

从图5-5中可以看出 $\beta_2<\beta_4$，由前文分析可知有$\frac{\beta_4}{\beta_4-1}<\frac{\beta_2}{\beta_2-1}$，则有 $V_2^*>P_2^*$，即在市场套利存在的情况下，投资价值临界值小于无套利的投资价值临界值，市场套利动机使企业加快投资。

③类似前文的分析，由②可以得到 $F(P_2^*)<F(V_2^*)$，外部事件冲击下市场套利存在时，投资机会价值小于无外部事件冲击的情况，同样会使企业相对提前投资而减少等待时间。

（2）考虑 W_2，比较冲击时国有企业增强市场套利动机对投资决策的影响

①同样由于 $\beta_4 \neq \beta_5$（β_5 为考虑 W_2 后的 β 值），不能直接对投资临界值进行对比。令 $\lambda = 0.2$，$\rho = 0.04$，$\mu = 0.1$，$\sigma = 0.2$，$W_1 = 0.2$，$W_2 = 0.6$，同时 $\beta \in (1.1, 6)$，变化间隔为 0.5。这里同样通过数值模拟的方法比较 β_4 和 β_5 的大小。类似只考虑 W_1 的情况，令 $s(\beta)$ 和 $f(\beta)$ 为以下形式：

$$s(\beta) = \frac{1}{2}\sigma^2\beta(\beta - 1) + \mu\beta - (\lambda + \rho) + \lambda(1 - W_1)^{\beta} \quad (5-23)$$

$$f(\beta) = \frac{1}{2}\sigma^2\beta(\beta - 1) + \mu\beta - (\lambda + \rho) + \lambda(1 - \alpha)^{\beta_4} \quad (5-24)$$

β_4 和 β_5 分别是方程 $s(\beta) = 0$ 和 $f(\beta) = 0$ 的解，如图 5-6 所示。

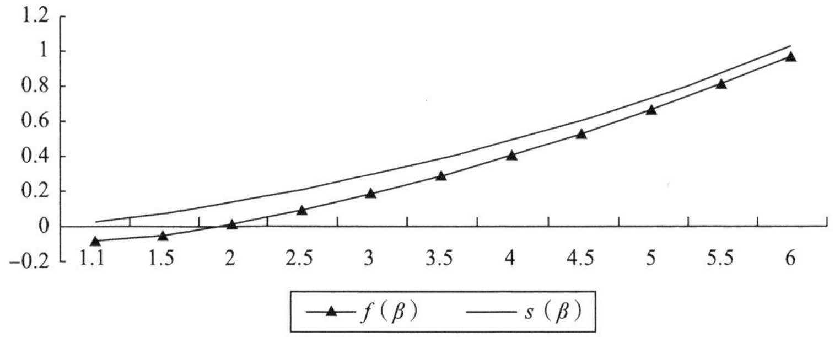

图 5-6 $f(\beta)$ 与 $s(\beta)$ 关系示意图

从图 5-6 中可以看出 $\beta_4 < \beta_5$，由前文分析可知有 $\frac{\beta_5}{\beta_5 - 1} < \frac{\beta_4}{\beta_4 - 1}$，则有 $P_2^* > P_3^*$（P_3^* 为考虑 W_2 后的投资资产价值临界值），即在国有企业加强市场套利的情况下，投资价值临界值小于单纯考虑市

场冲击市场套利的投资价值临界值，国有企业性质增强市场套利动机使得企业进一步减少等待时间，加快投资。

②类似前文的分析，由①可以得到 $F(P_3^*)<F(P_2^*)$，国有企业加强市场套利时投资机会价值小于单纯考虑市场冲击下套利动机的情况，同样国有企业会进一步提前投资而减少等待时间。

5.3.3　数值模拟

为直观观察市场套利对投资决策的影响，对市场套利驱动下套利动机的变化对投资价值的影响进行数值模拟。这里当 α 分别为 1、0.4、0 时，对作为 σ 函数的投资价值临界值 P_2^* 进行模拟。设定 $I=1$，$\lambda=0.1$，$\rho=0.04$，$\mu=0$，σ 取值范围为 0~1，间隔为 0.1。从图 5-7 可以看出，α 越大时，P_2^* 越小，则企业的等待时间越短。较大的 α 意味着当外部事件发生时投资价值下降的比例更大，市场套利动机更强烈。也就是说，在外部事件冲击时，矿产资源型国有企业存在更大的市场套利动机，会更快进行投资。

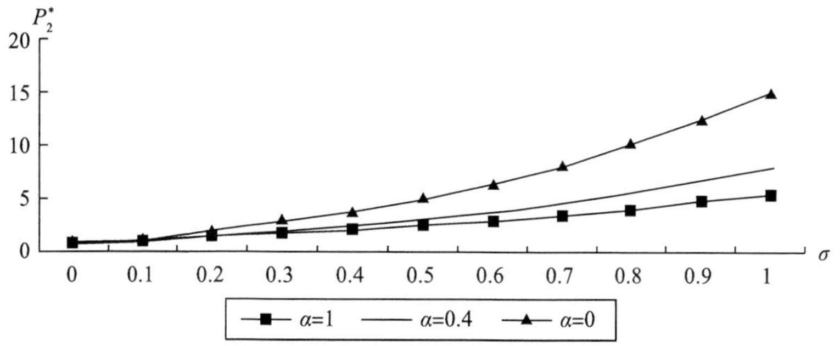

图 5-7　不同 α 下 P_2^* 的变化趋势

从历史经验来看，外部性事件的冲击，如全球金融危机，确实给中国矿产资源型企业带来了良好的投资机遇，但在机遇面前，加上“资源焦虑”的逼迫，国有企业的投资多是“机会导向”而非“战略导向”，许多矿产资源不是因为战略上有并购的需要，而是在对错失并购机遇的担忧和“抄底”心态的促使下形成的，因此就可能导致投资了没有价值的项目或不必要投资的项目。同时，危机主要对发达国家企业影响较大，许多之前在发达市场得不到的投资机会可能相对容易得到，抓住这样的投资机会对国有企业管理者的政绩和口碑都有很大的提升。然而，投资区域的集中使得中国企业间自相竞争，中国需求或“托底”又大大提升了投资标的资产价格，容易形成国外公司“渔翁得利”的局面。同时，由于文化、制度及意识形态等差异，中国企业的投资过程面临复杂多变的投资环境，可能使其面临政治或经济上的隐性壁垒，从而增加了“抄底”风险的不可控性。现实中也不乏在“抄底”中被市场套利所蒙蔽的投资者，他们仅看到了海外资产贬值带来的机会，而忽略了对东道国投资环境及经济发展趋势的研判，形成跟风投资、盲从投资，更增加了投资的风险。同时，从上述分析中不难看出，市场套利也可以通过投资区域决策体现出来，这一点将在实证研究中补充验证，市场套利动机对投资量决策的影响也将在实证中进一步验证。

5.4　本章小结

本章在上一章筛选出的套利动机衡量指标及总体模型构建的基础上，分别根据制度套利、期限套利和市场套利动机下不同的传导机理和关键要素构建不同套利动机下的矿产资源型国有企业对外直接投资决策模型。将套利动机对投资决策的影响分别以成本的减少、资产价值时滞性差异以及资产初始值下降的形式纳入不确定条件下投资决策模型中，形成不同套利动机下的投资决策模型。结论显示在制度套利、期限套利和市场套利动机下，投资资产临界值减小，投资机会价值将下降，企业将缩短投资等待时间，加快对外投资的速度。本章在 Dixit 和 Pindyck 不确定条件下投资决策模型和第 4 章套利动机下投资决策模型总体框架的基础上，给出了具体的套利动机下投资决策模型体系。

第 6 章　套利动机下中国矿产资源型国有企业对外直接投资决策实证研究

为进一步验证套利动机对矿产资源型国有企业对外投资决策的影响，本章通过实证方法验证套利动机因素对矿产资源型国有企业对外投资量决策的影响。第一，对制度套利、期限套利和市场套利动机单独存在时对投资决策的影响进行分析；第二，对三种套利动机同时存在时对投资决策的影响进行分析；第三，针对制度套利和市场套利在投资区位决策上形成的特点，对套利动机下矿产资源型国有企业投资区位决策影响进行分析。本章将通过实证研究进一步验证套利动机对投资决策的影响，使之更为明晰和切合实际，并对本书第 4 章、第 5 章理论模型未推导部分进行补充验证。

6.1　样本选取与数据说明

为保证实证分析的准确性，保证样本数据口径一致，本章研究样本仅选取 Zephyr 数据库中 2001—2014 年中国对外直接投资项目数据。2001—2014 年，中国对外直接投资项目 1400 项，对矿产资源类投资项目进行筛选，共 447 项，超过总数的 32%，投资总规模超过 1613 亿美元，共投资到 67 个国家和地区。在此基础上，由于避税动机与其他动机区别较大（宗芳宇等，2012），这里剔除向避税地（包括百慕大群岛、开曼群岛、英属维尔京群岛、美属维尔京群岛）投资的项目共 48 项。本书最终选取项目数 399 项；投资规模超过 1565 亿美元；共投向 63 个国家和地区，其中，投向发达国家和地区的项目 274 个、发展中国家和地区的项目 125 个。由于实证研究目的是考察套利动机对投资决策的影响，与本书第 3 章投资现状研究的侧重点不同，某些企业有意图进行投资但还未实施的项目以及发起投资但投资受阻或其他原因导致投资失败的项目仍可体现出决策者的投资动机，故这里的项目也包括企业拟投资、正在洽谈中以及发起投资但投资失败的项目，与官方投资公报以及本书第 3 章的统计口径及结果有所不同。

Zephyr 数据库项目金额数据以欧元计量，其他变量数据均为美元计量，为了保持数据单位的一致性，因项目时间精确到日，这里将项目数据按项目投资当日或拟投资信息披露日欧元兑美元的汇率进行换算。[①]

同时，为保证数据一致性和有效性，对所有涉及金额的数据，均以 2000 年不变美元价格进行平减处理。变量的使用中有日数据、月数据和年数据，分别根据投资项目发生时间与其日对应、月对应或年对应，不同变量将在变量选取中详细说明。

---

① 欧元兑美元汇率数据来自 Exchange Rate 网站（网址：http://www.x-rates.com/）历史日数据，个别项目发生日未产生汇率数据，用之前一天的汇率数据代替。

6.2 套利动机对矿产资源型国有企业对外直接投资决策的影响

6.2.1 理论与假设

（1）一般投资动机对投资决策的影响

与我国巨大的需求相比，国内目前探明的主要矿产储量严重不足，矿产品供应已远远不能满足经济发展需求（董艳等，2011）。受国内资源禀赋制约，仅依靠国内资源保障能力难以满足国家资源战略安全需要。而同时，各国对全球优质矿产资源的抢占与竞争也十分激烈。对矿产资源及相关产业的需求，使得中国矿产资源企业在“走出去”政策支持下，对外直接投资保持了较高的增长速度。鉴于矿产资源的稀缺性、不可再生性及重大战略意义，为保障战略资源安全和经济社会发展，国内外资源共同利用是资源安全战略选择的必然趋势，对矿产资源的全球化布局是不可避免的，同时，重新划分全球战略资源格局也是十分必要的（Duanmu，2012）。Kolstad 等（2012）研究发现资源寻求动机是中国对外直接投资的一大趋势，中国企业通常投资到有丰富自然资源的国家（Duanmu，2012），通过对外投资在全球范围内获取稀缺资源，提升其竞争力和绩效，满足对资源及相关产业的需求（Dunning et al.，2008；陈岩等，2012）。

较大的市场容易形成规模增长，有利于企业扩张和发展，

Buckley 等（2007）研究发现中国企业对外直接投资有市场寻求动机。相对于发达国家，中国的矿产资源企业生产多处于初级阶段，收购发达国家战略资产，或者在发达地区建立有技术研究部门的企业，能够获得先进生产及管理技术，以提升中国企业的国际竞争力和国内企业发展水平（Deng，2013）。

假设 1：矿产资源需求动机促进了矿产资源型企业对外直接投资。

假设 2：市场寻求动机促进了矿产资源型企业对外直接投资。

假设 3：技术获取动机促进了矿产资源型企业对外直接投资。

（2）套利动机对投资决策的影响

从上文分析可以看出，在所有制差异下，相比其他企业，国有企业能够获得资金、政策等各种资源的易得优势，在当前国内外制度差异和商品价格市场差异以及外部事件冲击下，有条件也有倾向形成制度套利动机、期限套利动机和市场套利动机，在这样的套利动机下，利用自身优势抓住阶段性套利收益，促使其加快了对外投资步伐。

假设 4：制度套利动机促进了矿产资源型企业对外直接投资。

假设 5：期限套利动机促进了矿产资源型企业对外直接投资。

假设 6：市场套利动机促进了矿产资源型企业对外直接投资。

6.2.2　变量选取与数据来源

（1）因变量

以中国矿产资源型企业对外直接投资的项目金额为因变量，

单位为美元，用 *OFDI* 表示，项目数据为 2001—2014 年发生的矿产资源海外投资项目数据，样本为截面数据。

（2）自变量

①制度套利变量：企业所有制差异是形成制度套利的主要根源之一，这里选取描述企业所有制性质差异的变量作为制度套利变量。将样本中对外直接投资的企业所有制类型分为央企、国有企业、民企。央企与国有企业有重叠，但其企业性质的差异仍可体现在投资动机的差异上，本书设计 2 个替代变量显示企业所有制差异形成的套利动机。*SOEs* 考察投资项目是否为国有企业发起的，是，则标记为 1，否，则为 0；*CEs* 考察投资项目是否为央企发起的，是，则标记为 1，否，则为 0。

②期限套利变量：期限套利主要由国内外商品价格差异引起，这里采用国内外大宗商品价格差异作为变量，但是由于价格衡量标准不一致不能够直接比较。这里采用 IMF 大宗商品指数衡量国外大宗商品市场走势，具体采用金属指数（包括铁和有色金属）和能源指数（包括原油、煤和天然气）并计算其价格波动率。用 Wind 大类商品指数衡量国内市场大宗商品走势，具体采用 Wind 能源指数、Wind 焦煤钢铁指数和 Wind 有色金属指数并计算其价格波动率。所采用的指数类别与项目投资品种相对应，用国内外价格波动率差的绝对值作为替代变量，差值越大表示国内外市场价格走势差异越大，用 *PRICE* 表示。该指标的原始数据为月数据，经处理后按项目所属品种及发生所属月份一一对应。

另外，已有研究在研究投资还是投机问题时采用对冲基金投资规模作为投机性投资的替代变量（谢飞等，2012），这里借鉴此替代变量作为期限套利的另一个衡量指标，采用瑞士信贷特雷蒙特指数公司的对冲基金规模指数，以 2000 年美元不变价格进行平减处理，用 *HEDGE* 表示，该指标的原始数据均为月数据，经处理后按项目发生所属月份一一对应。

③市场套利变量：外部性事件冲击是市场套利的一大动力，这里选取影响力度大、效果明显的 2008 年全球金融危机为外部事件冲击下的特定时机，用 *TIME* 表示，2008 年及以后投资的项目记为 1，否则为 0。

（3）控制变量

①资源需求动机变量：投资到矿产资源禀赋高的地区体现了资源寻求动机，这里使用项目投资发生当年东道国矿产金属商品出口占该国或地区商品出口比例为替代变量，用 *EXORE* 表示。该数据为年数据，与每个项目发生年份及所属国家一一对应。

②市场寻求动机变量：项目投资到市场规模大的地区体现了市场寻求动机，这里选取东道国市场 GDP 为替代变量，以 2000 年美元不变价格进行平减处理，用 *GDP* 表示。该数据为年数据，与每个项目发生年份及所属国家一一对应。

③技术获取动机变量：项目投资到科技发达地区体现了技术寻求动机，这里选取项目投资当年东道国高科技产品出口额作为替代变量，以 2000 年美元不变价格进行平减处理，用 *EXTECH* 表示。该数据为年数据，与每个项目发生年份和所属国家一一对应。

④政治环境变量：在以往研究中表明，对外投资倾向投资到有稳定政治环境的市场，但也有学者在对中国对外直接投资的研

究中发现，国有企业倾向于投资高政治风险项目（Voss et al.，2010）。这里用全球治理指标中国家政权稳定性指数（political stability and absence of violence/terrorism）作为替代变量，标记为 *PS*。指数越低，国家政权更迭或发生暴力、恐怖事件可能性越大，投资风险越大。该数据为年数据，与每个项目发生年份和所属国家一一对应。

以上变量样本数据来源在表 6-1 中说明。

表 6-1　套利动机对投资决策影响研究变量说明

变量	含义	来源	变量类别	对应假设
OFDI	矿产资源型企业对外直接投资项目金额/美元	Zephyr 数据库	因变量	—
SOEs	投资企业为国有企业	公司年报及官方网站	自变量	假设 4
CEs	投资企业为央企	国务院国有资产监督管理委员会[1]	自变量	假设 4
PRICE	国内外商品价格差异	IMF 官网[2] 和 Wind 数据库	自变量	假设 5
HEDGE	投资的投机性	瑞士信贷官方网站[3]	自变量	假设 5
TIME	投资发生在全球金融危机后（含 2008 年）	Zephyr 数据库	自变量	假设 6
EXORE	东道国矿产金属商品出口额占其总商品出口额比例	世界银行[4]	控制变量	假设 1
GDP	东道国 GDP/美元	世界银行[5]	控制变量	假设 2
EXTECH	东道国高科技产品出口额/美元	世界银行	控制变量	假设 3
PS	东道国政治稳定程度	世界银行[6]	控制变量	—

注：1. 网址：http：//www. sasac. gov. cn/n86114/n86137/c1725422/content. html。

2. 网址：http://www. imf. org/external/np/res/commod/index. aspx。

3. 网址：https://www. credit-suisse. com/au/en/asset-management/solutions-capabilities/hedge-strategies/hedge-fund- index-strategies/dow-jones-credit-suisse-hedge-fund-indexes. html。

4. 网址：http://data. worldbank. org/indicator/TX. VAL. MMTL. ZS. UN。

5. 网址：http://data. worldbank. org. cn/indicator，*EXTECH* 样本数据也可在该网页所列目录中查询。

6. 网址：http://info. worldbank. org/governance/wgi/。

对数据进行如下处理：①统一单位：项目金额原始数以欧元计量，而各国 GDP 等其他金额数据以美元计量，这里按照项目发生当日欧元兑美元汇率逐一将项目金额换算为美元。②统一基期：将 *OFDI*、*HEDGE*、*GDP*、*EXTECH* 数据统一为以 2000 年为基期的数据，按照 2000 年不变美元价格进行平减计算。③取对数：对 *OFDI*、*HEDGE*、*GDP*、*EXTECH* 数据进行取对数处理。

6.2.3 基本统计分析

对 399 个样本进行变量统计分析，如表 6-2 所示。制度套利变量 *SOEs* 的均值约为 0.82，说明在中国矿产资源对外直接投资中国有企业占绝对多数，是投资的主力；从市场套利变量 *TIME* 来看，其均值约为 0.79，说明投资多发生在 2008 年（含）以后。这符合前文分析的国有企业性质以及外部突发事件（全球金融危机）增加了套利的机会，促进了矿产资源对外直接投资。而从资源寻求动机变量来看，*EXORE* 的最小值为 0，即投资目标国家金属矿产资源对外出口额为 0，资源禀赋差，这也暗示着在套利动机存在时，资源寻求的投资动机可能并不成立。

表 6-2　变量描述性说明

类别		变量	均值	中值	最大值	最小值	标准差
因变量		*OFDI*	5. 34E+08	34368533	1. 54E+10	42625. 43	1. 45E+09
自变量	制度套利	*SOEs*	0. 819549	1	1	0	0. 385046
		CEs	0. 507538	1	1	0	0. 500572
	期限套利	*PRICE*	0. 005871	0. 008097	0. 185442	-0. 304627	0. 064314
		HEDG	428. 209	434. 26	553. 92	237. 05	70. 90307
	市场套利	*TIME*	0. 789474	1	1	0	0. 408194
控制变量	资源需求	*EXORE*	15. 84267	8. 4	85. 4	0	15. 46039
	市场寻求	*GDP*	1. 32E+12	8. 44E+11	1. 27E+13	11083. 19	2. 39E+12
	技术获取	*EXTECH*	2. 14E+10	3. 57E+09	1. 87E+11	56. 51879	3. 83E+10
	政治制度环境	*PS*	63. 51289	74. 52831	97. 64151	3. 791469	24. 50112

6. 2. 4　模型设定

为更清晰地观察不同套利动机对海外投资决策的影响，这里对制度套利、期限套利和市场套利分别存在和同时存在时的情况进行研究，具体模型如下。模型（6-1）主要分析制度套利对投资决策的影响；模型（6-2）主要分析期限套利对投资决策的影响；模型（6-3）主要分析市场套利对投资决策的影响；模型（6-4）主要分析三种套利同时存在时对投资决策的影响。

$$\ln OFDI_{it} = SOEs_i + CEs_i + PS_{jt} + EXORE_{jt} + \ln EXTECH_{jt} + \ln GDP_{jt} \qquad (6-1)$$

$$\ln OFDI_{it} = SOEs_i + CEs_i + PRICE_{it} + \ln HEDGE + PS_{jt}$$

$$+ EXORE_{jt} + \ln EXTECH_{jt} + \ln GDP_{jt} \quad (6-2)$$

$$\ln OFDI_{it} = SOEs_i + CEs_i + TIME_i + PS_{jt} + EXORE_{jt} + \ln EXTECH_{jt} + \ln GDP_{jt} \quad (6-3)$$

$$\ln OFDI_{it} = SOEs_i + CEs_i + PRICE_{it} + \ln HEDGE + TIME_i + PS_{jt} + EXORE_{jt} + \ln EXTECH_{jt} + \ln GDP_{jt} \quad (6-4)$$

基于前文分析，在进行期限套利和市场套利时，国有企业的所有制性质给其带来了短时间内进行投资的能力和冲动，因此，在考察期限套利和市场套利影响时，仍保留企业所有制属性变量。这里对部分变量进行取对数处理。i 表示投资国，t 表示项目 i 投资发生的年份，j 表示项目 i 投资的东道国。

6.2.5　实证结果与分析

对样本数据进行截面数据回归分析，并进行异方差检验，不存在异方差，回归结果如表 6-3 所示。

表 6-3　不同套利动机对投资决策影响的实证检验结果

类别		变量	模型（6-1）	模型（6-2）	模型（6-2a）	模型（6-3）	模型（6-4）
自变量	制度套利	*SOEs*	1.08(0.36)***	0.98(0.80)	—	1.15(0.36)***	1.18(0.56)**
		CEs	2.05(0.29)***	2.80(0.34)***	2.18(0.28)***	2.05(0.28)***	2.06(0.29)***
	期限套利	*PRICE*	—	0.07(0.86)	1.00(0.39)***	—	-0.06(0.64)
		ln*HEDGE*	—	0.07(0.09)	0.98(1.33)	—	0.71(1.37)
	市场套利	*TIME*	—	—	—	0.95(0.35)***	0.88(0.38)**

续表

类别		变量	模型(6-1)	模型(6-2)	模型(6-2a)	模型(6-3)	模型(6-4)
控制变量	政治环境	*PS*	-0.49(0.21)**	-0.56(0.24)**	-0.61(0.2)***	-0.58(0.21)*	-0.58(0.21)***
	资源需求动机	*EXORE*	-0.0003(0.01)	-0.006(0.01)	-0.12(0.01)	-0.003(0.01)	-0.004(0.01)
	市场寻求动机	ln*GDP*	-0.13(0.09)	-0.16(0.09)	-0.21(0.09)**	-0.18(0.09)*	-0.18(0.09)*
	技术获取动机	ln*EXTECH*	0.21(0.08)***	0.20(0.09)**	0.19(0.10)*	0.22(0.08)***	0.21(0.08)**
Adjusted R-squared			0.33	0.19	0.34	0.33	0.32
LLH			-527.95	-358.82	-523.9	-524.35	-524.20

注：括号外数值为系数，括号内数值为标准误差。***、**和*分别表示在1%、5%、10%的水平下显著。

(1) 制度套利对投资决策的影响

在模型（6-1）的回归结果中，国有企业和央企制度套利动机变量以及技术获取动机变量与投资规模呈正相关，并在1%的水平下显著，资源需求动机和市场寻求动机并不显著。可见，在制度套利动机驱使下，中国国有企业的所有制性质促使其海外投资的扩张，此时其对市场、资源的需求在套利动机影响下和决策中的权重下降，对外投资的逻辑发生改变，与一般投资的动机形成差异；其技术获取动机仍然显著的原因可能是高新科技在发达国家的集中度高，这样的投资倾向可能间接反映了对发达国家制度的追求，也是制度套利的一种间接体现。政治环境变量与投资规模呈负相关，并在5%的水平下显著，可见，在制度套利动机下，国有企业形成了与一般动机下截然不同的投资决策逻辑，为了抓住投资机会，中国矿产资源国有企业加快投资步伐，容易无视政治风险等可以避免的高风险。

（2）期限套利对投资决策的影响

在模型（6-2）的回归结果中，央企制度套利动机变量与投资规模呈正相关，并在1%的水平下显著；技术获取动机变量与投资规模呈正相关，并在5%的水平下显著；政治环境变量与投资规模呈负相关，并在5%的水平下显著；其他变量均不显著。资源需求动机和市场寻求动机不显著的原因与制度套利相同。而这里需要注意的是，国有企业所有制性质以及期限套利变量对投资规模的影响均不显著，如前文所述，期限套利实质上具有很大的隐蔽性，同时抓住十分短暂的价格差异进行套利投资需要更高的条件和实力。这里，央企的所有制特性对投资规模的影响依然是十分显著的，为了进一步验证期限套利，针对央企期限套利进行研究，增加模型：

$$\ln OFDI_{it} = CEs_i + PRICE_{it} + \ln HEDGE + PS_{jt} + EXORE_{jt} + \ln EXTECH_{jt} + \ln GDP_{jt} \quad (6-2a)$$

回归分析结果如表6-3所示。从模型（6-2a）的回归结果可以看出，在仅保留央企所有制变量 *CEs* 后，央企制度套利动机变量以及期限套利变量中的 *PRICE* 与投资规模呈正相关，并在1%的水平下显著；政治环境变量与投资规模呈负相关，也在1%的水平下显著；市场寻求动机与投资规模呈负相关，在5%的水平下显著；技术获取动机与投资规模呈正相关，在10%的水平下显著。而期限套利变量中的 *HEDGE* 和资源需求动机对投资规模的影响并不显著。在期限套利动机下，资源和技术在央企投资决策的权重大大被削弱，在市场寻求和政治环境选择上形成与一般情况相反的投资决策逻辑，倾向于投资市场规模小的高政治风险市场中。这里，在制度套利单独存在时，对投资决策影响较大的技术获取动机在期限套利动机下也显得不重要了。为实现短期投资成果或其他一般动机投资下无法实现的利益，期限套利动机促进了央企的投资，但投机性投资变量的不显著，也说明央企政府背景的存在，可能使得投机性套利隐含在央企正常对外投资中，而不能够明目张胆地进行投机性投资从中获利。

（3）市场套利对投资决策的影响

在模型（6-3）的回归结果中，市场套利变量、国有企业和央企所有制性质变量以及技术获取动机变量与投资规模呈正相关，并在1%的水平下显著；政治环境变量与市场寻求动机和投资规模呈负相关，且仅在10%的水平下显著；其他变量均不显著。这里，与制度套利和期限套利不同的是，政治环境对投资决策的影响不再那么显著，而技术获取对投资决策的影响更为明显。在金融危机发生后，发达市场投资机遇使得国有企业将注意力更多地集中在这里，加快投资步伐，而发达市场的技术含量显然较高。此时，高政治风险的投资项目在市场套利的机会下，在决策中的比重被明显削弱。

（4）套利动机对投资决策的影响

模型（6-4）的回归结果显示了不同套利动机同时存在时对投资决策产生的影响。在三种动机同时存在时，央企制度套利变量与投资规模呈正相关，并在1%的水平下显著；国有企业制度套利变量、市场套利变量和技术获取动机变量与投资规模呈正相关，并在5%的水平下显著；政治环境变量与投资规模呈负相关，并在

1%的水平下显著。可见，制度套利和市场套利明显促进了中国矿产资源型国有企业的对外投资，而在三种套利共同存在的情况下，其他两种套利的存在弱化了期限套利动机的影响，使其在投资决策中的权重被削弱。同时，央企制度套利对投资决策的影响显然比国有企业要更显著，其在政策、资金等方面比国有企业有更大的优势。

综上，制度套利显著影响矿产资源型国有企业对外投资决策，并促进了其一方面投资高风险的项目，另一方面投资技术发达市场项目；期限套利在央企的投资决策中有显著的影响，促进其投资高风险项目；市场套利显著影响矿产资源型国有企业对外投资决策，促进其投资技术发达市场项目；而当三种套利动机同时存在时，制度套利和市场套利对矿产资源型国有企业对外投资决策的影响凸显，且制度套利对投资决策的影响更为显著，而期限套利的影响则被弱化，各套利动机对投资决策的影响关系呈现为制度套利>市场套利>期限套利。在三种套利动机下促使企业一方面投资高风险项目，另一方面投资技术发达市场项目。

6.3　套利动机对矿产资源型国有企业对外直接投资区位决策的影响

6.3.1　理论与假设

（1）一般性投资动机与投资区位选择

目前，全球矿产资源的竞争逐渐呈现常态化趋势，资源外交成为各国尤其是主要大国实现全球战略资源布局的重要手段之一。同时，与我国巨大的需求相比，国内目前探明的主要矿产储量严重不足，国内的矿产品供应已远远不能满足经济发展需求。受国内资源禀赋的制约，仅依靠国内资源保障能力，难以满足国家资源战略安全的需要，国内外资源共同利用是资源安全战略选择的必然趋势（荣冬梅等，2015）。通过对外投资在全球范围内获取稀缺资源，提升其竞争力和绩效，满足对资源及相关产业的需求。

假设 7：中国矿产资源型企业倾向投资到矿产资源丰富的国家和地区。

Deng（2013）指出中国企业对外直接投资具有后来者视角，即有通过并购战略资源弥补国际竞争劣势和寻求在国内公司缺失的品牌、技术、网络分布、管理、战略技巧能力的动机。中国企业多在高收入国家建立科技研发中心，以汲取高科技及技术密集型产品生产的发展，从而提高国际竞争力（Di Minin et al.，2012；蒋冠宏等，2012）。市场规模大的地区具有更多的资源，使得对外投资企业能更有效地利用各种资源和市场优势。

假设 8：中国矿产资源型企业倾向投资到技术水平较高的国家和地区。

假设 9：中国矿产资源型企业倾向投资到市场规模较大的国家和地区。

东道国政治及制度环境是对外国投资者的一种保障机制，稳定的政治局势和成熟的制度环境能为投资者提供企业增长的良好氛围。较为稳定、成熟的政治制度和完善的市场机制，能促使企业实现有效战略目标，而规范的市场法规，以及利于私人部分发展和外商投资的政策更有利于投资者的投资（宗芳宇等，2012；Peng，2002）。

假设10：中国矿产资源型企业倾向投资到政治及制度环境良好的国家和地区。

双边关系的密切有利于投资的进行，为了有效降低信息不对称和文化差异造成的投资壁垒及低效投资、尽快适应东道国环境、减少组织协调等多种成本，对外投资有向距离近的地区投资的倾向。这里的距离包括地理距离、文化距离、经济距离、政治距离等。

假设11：中国矿产资源型企业倾向投资到与母国距离较近的国家和地区。

（2）套利性投资动机与投资区位选择

在现有制度下，国有企业存在资源易得性的天然优势，这实际上存在一种补贴机制，就是谁占的基础性资源越多，得到的补贴也就越多，而补贴绝大部分由中央政府和全社会承担（周黎安等，2013）。虽然大规模的投资已经引起许多国家尤其是发达国家和资源型大国的警惕，但中国国有企业仍然热衷于这些区域的投资。相对非国有企业，国有企业较少担心东道国政治风险和市场进入成本（Voss et al.，2010）。因强大的国家控股与参与，即便市场进入门槛很高、阻力很大或有较高风险，国有企业也更倾向于复杂和高成本的投资计划，经常进行高风险并购活动（Quer et al.，2012；Hillman et al.，2009）。

在国有企业制度套利动机下就可能出现与一般投资动机相反

的假设，在一般投资动机下寻求的良好制度环境可能并不是中国矿产资源型国有企业对外直接投资的首选，因此有以下假设。

假设12：在制度套利动机驱使下，矿产资源型国有企业倾向投资到市场进入成本高、监管质量较低的国家和地区。

美国次贷危机后，全球经济触底、回升直至下一轮增长周期迟迟没有到来，紧接着欧美国家的债务危机又对发达国家经济造成了冲击。一方面，许多发达市场企业价值缩水，而许多国家尤其是发达国家对战略性资源行业的政策也有所放松，外国跨国公司受危机影响减少了并购活动，从而降低了跨国并购的竞争强度；另一方面，中国充裕的外汇储备、人民币汇率升值等因素也为中国国有企业对外直接投资创造了条件（Boisot et al.，2008）。在这样外部事件冲击下，很多资源型国有企业担心错失投资机遇，有明显的“抄底”心态，加快了向这些受危机影响严重的地区进行投资的步伐。

假设13：中国矿产资源型国有企业在市场套利动机下，倾向投资到受外部事件冲击较大的国家和地区。

6.3.2 变量选取与数据来源

(1) 因变量

仍以中国矿产资源型企业对外直接投资的项目金额为自变量，主要考察在所有制差异下，国有企业套利动机对投资区位选择的影响，用 *OFDI* 表示。

（2）自变量

制度套利变量：除了本章 6.1 描述国有企业所有制性质差异套利变量 *SOEs* 与 *CEs* 外，不同市场制度及监管差异也是形成制度套利的原因之一。因此，在研究区位决策时增加描述区域性制度差异的变量作为制度套利变量。世界银行最新发布的全球治理指标（world governance indicator）中的监管质量（regulatory quality）衡量了政府管制质量，测度其制定和实施有利于私人部门发展的政策和规则的能力。外企绿地投资审批程序、市场准入标准、外商投资管制、针对外资的优惠政策均在此指标考察范围内。因此，选用该指标一方面作为衡量市场准入成本高低的替代指标，另一方面作为东道国监管质量的替代指标，用 *RQ* 表示，指数越低说明监管质量越差，同时越不利于外资进入，市场进入成本越高。

另外，对腐败的控制程度（control of corruption）测度了对以权谋私的控制能力，包括对各种形式的腐败以及特权阶层获取私利等的控制。东道国的腐败能够形成中国矿产资源型国有企业代理人投资谋取私利的温床，这里用该指标作为市场监管水平的另一个替代变量，用 *CC* 表示，指数越低说明对腐败控制程度越低，市场监管水平越低。

市场套利变量与本章 6.1 中 *TIME* 相同。

（3）控制变量

除本章 6.1 中资源需求、技术获取动机变量和政治环境变量外，在市场寻求动机控制变量中增加人均 GDP *GDPC*，衡量市场发展程度，以 2000 年美元不变价格计算。

同时，该部分增加以下对东道国进行描述的控制变量。

与东道国距离变量：与东道国的经济距离用贸易密切度来体现，这里用项目投资当年东道国与中国进出口贸易额占当年该国全部贸易额比例作为替代变量，用 *TRADE* 表示。与东道国的政治距离用政治密切度来表示，这里选取签署双边投资协定为替代变量，用 *BIT* 表示，若项目投资当年东道国与中国已签署双边协定则记为 1，若未签署双边协定或在项目发生后签订则记为 0。与东道国的地理距离用实际距离来表示，这里选取东道国首都到北京的地球球面千米数作为替代变量，用 *DIS* 表示。与东道国文化距离用宗教信仰作为替代变量，用 *CUL* 表示，与中国相同的记为 1，否则记为 0。

东道国制度环境变量：这里用全球治理指标中国家法治水平（rule of law）作为制度环境替代变量，用 *RL* 表示，指数越低法治水平越低。

以上变量在表 6-4 中详细说明。

表 6-4　套利动机对投资区位决策影响研究变量说明

变量	含义	来源	变量类别
RQ	东道国市场监管质量	世界银行 WGI[1]	自变量
CC	东道国腐败控制能力	世界银行 WGI	自变量
RL	东道国法治水平	世界银行 WGI	控制变量
GDPC	东道国人均 GDP/美元	世界银行[2]	控制变量
TRADE	东道国与中国贸易额占其总贸易额比例	国际贸易中心[3]	控制变量
BIT	东道国与中国签订双边投资协议	中国商务部条约法律司[4]	控制变量
DIS	东道国与中国地理距离/千米	http://www.distancefromto.net/	控制变量

续表

变量	含义	来源	变量类别
CUL	东道国与中国文化相近	维基百科	控制变量

注：部分变量在本章 6.1 部分已说明，此处不再赘述。

1. 网址：http://info.worldbank.org/governance/wgi/，*CC* 及 *RL* 的样本数据也可在该网站获得。

2. 网址：http://data.worldbank.org.cn/indicator。

3. 网址：http://www.trademap.org/Index.aspx? AspxAutoDetectCookieSupport=1。

4. 网址：http://tfs.mofcom.gov.cn/article/Nocategory/201111/20111107819474.shtml。

6.3.3　基本统计分析

对项目投资区域进行初步统计，由表 6-5 可以看出，投资项目数最多的是大洋洲，为 107 个，占总投资数的 26.82%，其次是亚洲、北美洲、欧洲，投资项目数均占总投资数的 20%左右，而南美洲和非洲投资项目数较少，均在 10%以下。但从投资金额看，投资金额从多到少区域的排名依次是欧洲、南美洲、北美洲、大洋洲、亚洲、非洲。从这些区域的国有企业投资占比来看，各洲投资项目数均在 77%以上，国有企业投资金额占比则均超过 96%。可见，国有企业是中国矿产资源对外直接投资的绝对主力。另外，不难发现，投资项目数排名前二的大洋洲和亚洲投资金额排名靠后，而南美洲情况却相反。总体上看，投资金额在发达地区占 60%以上。

对项目投资国家和地区进行统计，由表 6-6 可以看出，投资项目数最多的（超过 10 个的）前 7 个国家和地区依次为澳大利亚、加拿大、中国香港、英国、美国、俄罗斯和巴西。其中，投资到澳大利亚的项目数超过 100 个。这 7 个国家和地区的投资数量及金额超过总投资的 63%和 67%。可见中国矿产资源对外直接投资的区域集中度较高，且大多数项目集中在发达国家和地区。巴西虽然投资项目数分布较少，但所占金额是最多的，这与表6-5的统计结果相一致。可见，投资巴西的项目规模是相当庞大的。这一方面可能是由于国有企业投资规模大，而巴西国有企业投资占比相对较高，为100%。另一方面虽然中国企业积极向发达市场投资，但其在发达国家市场仍处于弱势及劣势地位，大型投资项目的竞争实力不够；而相对于澳大利亚等发达国家，巴西矿产资源丰富但竞争激烈度相对较低，且有相对宽松的政治态度，中国在大型项目的投资上具有相对优势。

从初步分析不难发现，中国国有企业资金雄厚，在矿产资源对外直接投资中占绝对主导地位。从项目数和总体规模的区位分布上看，国有企业投资区域集中度较高，并积极向发达国家市场投资；但从单项投资规模上不难看出其在发达地区投资实力不足、投资难度较大。

表6-5　样本投资区域分布及占比

投资区域	投资项目数/个	占总投资数比例/%	国有企业投资项目数/个	国有企业投资项目数区域占比/%	投资金额/亿美元	占总投资数比例/%	国有企业投资金额/亿美元	国有企业投资金额区域占比/%
大洋洲	107	26.82	83	77.57	213.06	13.61	205.72	96.55
亚洲	87	21.8	68	78.16	126.14	8.06	122.52	97.13
北美洲	77	19.3	68	88.31	309.16	19.74	303.99	98.32
欧洲	71	17.8	59	83.1	491.87	31.41	484.87	98.58
南美洲	36	9.02	32	88.89	362.11	23.12	361.73	99.89
非洲	21	5.26	17	80.95	63.58	4.06	63.32	99.59
合计	399	100	327	81.95	1565.92	100	1542.15	98.48

数据来源：Zephyr数据库。

表 6-6　样本投资国家和地区分布及占比

投资区域	投资项目数/个	占总投资数比例/%	国有企业投资项目数/个	国有企业投资项目数区域占比/%	投资金额/亿美元	占总投资数比例/%	国有企业投资金额/亿美元	国有企业投资金额区域占比/%
澳大利亚	106	26. 57	83	78. 30	212. 44	13. 57	205. 72	96. 84
加拿大	54	13. 53	52	96. 30	238. 77	15. 25	238. 65	99. 95
中国香港	27	6. 77	20	74. 07	16. 64	1. 06	15. 85	95. 27
英国	22	5. 51	15	68. 18	104. 63	6. 68	99. 01	94. 63
美国	18	4. 51	12	66. 67	66. 00	4. 21	60. 94	92. 34
俄罗斯	13	3. 26	13	100	120. 23	7. 68	120. 23	100
巴西	12	3. 01	12	100	300. 66	19. 2	300. 66	100
合计	252	63. 16	207	82. 14	1059. 38	67. 65	1041. 08	98. 27

数据来源：Zephyr 数据库。

对 399 个样本进行基本统计分析得到表 6-7，除了表 6-2 所具备的特征外，在新增变量的分析中比较明显地可以看到变量 *CUL* 的平均值仅约为 0. 13，而贸易密切度均值仅为 14. 85。这意味着在套利动机下，中国矿产资源对外直接投资选择投资区域时文化距离和经济距离可能并不重要，而其他因素对投资决策的影响需进一步考察。

表 6-7　全部样本变量描述性说明

类别		变量	均值	中值	最大值	最小值	标准差
因变量		*OFDI*	5. 34E+08	34368533	1. 54E+10	42625. 43	1. 45E+09
自变量	制度套利	*SOEs*	0. 819549	1	1	0	0. 385046
		CEs	0. 507538	1	1	0	0. 500572
		RQ	79. 67483	95. 21531	100	2. 369668	26. 30639
		CC	76. 20534	93. 30144	99. 52607	3. 317536	29. 17475
	市场套利	*TIME*	0. 789474	1	1	0	0. 408194

续表

类别		变量	均值	中值	最大值	最小值	标准差
控制变量	政治制度环境	*PS*	63.51289	74.52831	97.64151	3.791469	24.50112
		RL	76.22679	92.82297	100	0.938967	28.25607
	资源寻求动机	*EXORE*	15.84267	8.4	85.4	0	15.46039
	技术寻求动机	*EXTECH*	2.14E+10	3.57E+09	1.87E+11	56.51879	3.83E+10
	市场寻求动机	*GDP*	1.32E+12	8.44E+11	1.27E+13	11083.19	2.39E+12
		GDPC	26596.62	32575.61	59488.29	438.3283	16357.48
	与东道国距离	*TRADE*	14.84639	10.70276	56.28643	1.365383	11.75689
		BIT	0.676692	1	1	0	0.468327
		DIS	7865.096	7473.99	19629.12	1223.52	3979.921
		CUL	0.12782	0	1	0	0.334308

从表 6-2 和表 6-7 的分析中可以看出，样本所有制性质多数为国有企业，而项目多发生在 2008 年（含）以后，这里对国有企业及 2008 年（含）以后的样本进行筛选，并进一步进行基本统计分析，得到表 6-8 和表 6-9。

对样本中投资主体为国有企业的样本进行筛选得到 327 条项目数据（见表6-8），占总样本量的 81.95%，国有企业是中国矿产资源对外直接投资的绝对主力，这与前文的分析相符。这里需要注意的是，变量 *OFDI* 的最大值与总样本量的最大值相同，但其均值和中值都高于总样本量，说明国有企业投资的项目规模较大；而变量 *RQ* 和 *CC* 的均值比总样本量的均值略低，说明套利动机下国有企业可能有更强的自利动机来寻求监管缺失和腐败问题带来的套利空间；变量 *TIME* 均值约为 0.78，说明矿产资源型国有企业对外直接投资多发生在 2008 年（含）之后，有市场套利的动机。

表 6-8　国有企业样本变量描述性说明

类别		变量	均值	中值	最大值	最小值	标准差
因变量		*OFDI*	6.43E+08	60994464	1.54E+10	42625.43	1.59E+09
自变量	制度套利	*CEs*	0.617737	1	1	0	0.486685
		RQ	78.44899	94.73684	100	2.369668	27.18528
		CC	74.80384	93.65854	99.04306	3.317536	30.33285
	市场套利	*TIME*	0.776758	1	1	0	0.417057
控制变量	政治制度环境	*PS*	62.35918	74.52831	97.63033	3.791469	25.38481
		RL	74.82708	92.82297	100	0.938967	29.49002
	资源寻求动机	*EXORE*	15.88435	8.4	85.4	0	15.69519
	技术寻求动机	*EXTECH*	1.96E+10	3.57E+09	1.87E+11	56.51879	3.64E+10
	市场寻求动机	*GDP*	1.22E+12	8.44E+11	1.24E+13	11083.19	2.14E+12
		GDPC	26069.18	32497.96	59488.29	438.3283	16513.93
	与东道国距离	*TRADE*	14.28143	10.40889	56.28643	1.365383	11.47541
		BIT	0.657492	1	1	0	0.475276
		DIS	7980.098	7473.99	19629.12	1223.52	4031.755
		CUL	0.103976	0	1	0	0.305697

对样本中投资时间为 2008 年（含）以后的样本进行筛选，得到 315 条项目数据（见表 6-9），占总样本量的 78.95%，这与前文的分析相符，这里需要注意的是，变量 *OFDI* 的最大值与总样本量的最大值相同，且最小值比总样本大很多，这说明较大规模的项目可能发生在 2008 年（含）以后；变量 *SOEs* 均值约为 0.81，说明 2008 年（含）之后矿产资源型国有企业对外直接投资的主力仍是国有企业。

表 6-9　2008 年以后样本变量描述性说明

类别		变量	均值	中值	最大值	最小值	标准差
因变量		*OFDI*	5.25E+08	31805428	1.54E+10	297913	1.47E+09
自变量	制度套利	*SOEs*	0.806349	1	1	0	0.395787
		CEs	0.479365	0	1	0	0.500369
		RQ	82.80294	95.7346	100	2.369668	24.59371
		CC	79.43552	93.77991	99.52607	3.317536	27.28544
控制变量	政治制度环境	*PS*	66.58634	76.30331	97.64151	3.791469	22.12595
		RL	79.42162	94.3128	100	0.938967	26.44976
	资源寻求动机	*EXORE*	17.10759	9.5	85.4	0.1	14.96235
	技术寻求动机	*EXTECH*	1.94E+10	3.68E+09	1.77E+11	12924.41	3.33E+10
	市场寻求动机	*GDP*	1.32E+12	1.06E+12	1.27E+13	11083.19	2.16E+12
		GDPC	29267.05	34291.09	59488.29	438.3283	15553
	与东道国距离	*TRADE*	15.90418	13.20885	51.25766	3.404309	11.59485
		BIT	0.688889	1	1	0	0.463685
		DIS	8086.033	7473.99	19629.12	1777.64	3777.231
		CUL	0.107937	0	1	0	0.310794

6.3.4　模型设定

为考察制度套利与市场套利对中国矿产资源型企业对外直接投资区位选择的影响，在建立总体模型的基础上，分别建立金融危机前后，国有企业、央企与非国有企业模型，进一步考察套利动机对投资区位的影响，具体模型如下。模型（6-5）对制度套利动机和市场套利动机对矿产资源型企业对外直接投资区位决策的影响进行分析；模型（6-6a）和模型（6-6b）分别筛选出国有企业和非国有企业样本数据进行投资区位决策影响因素分析，并通过对比进一步明晰套利动机对投资区位决策的影响；模型（6-7a）和模型（6-7b）分别筛选出 2008 年以前和 2008 年及以后样本数据进行投资区位决策影响因素分析，并通过对比进一步明晰不同时期矿产资源型国有企业对外投资的驱动因素以及套利动机对投资区位决策的影响。

$$\begin{aligned}\ln OFDI_{it} = & SOEs_i + CEs_i + RQ_{jt} + CC_{jt} + PS_{jt} + RL_{jt} + TIME_i \\ & + EXORE_{jt} + \ln EXTECH_{jt} + \ln GDP_{jt} + \ln GDPC_{jt} \\ & + TRADE_{jt} + BIT_{jt} + \ln DIS_{ij} + CUL_{ij}\end{aligned} \tag{6-5}$$

$$\begin{aligned}\ln OFDI_{it} = & CEs_i + RQ_{jt} + CC_{jt} + PS_{jt} + RL_{jt} + TIME_i + EXORE_{jt} \\ & + \ln EXTECH_{jt} + \ln GDP_{jt} + \ln GDPC_{jt} + TRADE_{jt} \\ & + BIT_{jt} + \ln DIS_{ij} + CUL_{ij}\end{aligned} \tag{6-6a}$$

$$\begin{aligned}\ln OFDI_{it} = & RQ_{jt} + CC_{jt} + PS_{jt} + RL_{jt} + TIME_i + EXORE_{jt} \\ & + \ln EXTECH_{jt} + \ln GDP_{jt} + \ln GDPC_{jt} + TRADE_{jt} \\ & + BIT_{jt} + \ln DIS_{ij} + CUL_{ij}\end{aligned} \tag{6-6b}$$

$$\begin{aligned}\ln OFDI_{it}^{-} = & SOEs_i + CEs_i + RQ_{jt}^{-} + CC_{jt}^{-} + PS_{jt}^{-} + RL_{jt}^{-} + EXORE_{jt}^{-} \\ & + \ln EXTECH_{jt}^{-} + \ln GDP_{jt}^{-} + \ln GDPC_{jt}^{-} + TRADE_{jt}^{-} + BIT_{jt}^{-} \\ & + \ln DIS_{ij} + CUL_{ij}\end{aligned} \tag{6-7a}$$

$$\begin{aligned}\ln OFDI_{it}{}^{+} = & SOEs_i + CEs_i + RQ_{jt}^{+} + CC_{jt}^{+} + PS_{jt}^{+} + RL_{jt}^{+} + EXORE_{jt}^{+} \\ & + \ln EXTECH_{jt}^{+} + \ln GDP_{jt}^{+} + \ln GDPC_{jt}^{+} + TRADE_{jt}^{+} \\ & + BIT_{jt}^{+} + \ln DIS_{ij} + CUL_{ij}\end{aligned} \tag{6-7b}$$

这里对不含零变量取对数。i 表示投资国；t 表示项目 i 投资发生的年份，t^{-} 为 2008 年以前的年份，t^{+} 为 2008 年及以后的年份；j 表示项目 i 投资到的东道国。

6.3.5 实证结果与分析

（1）套利动机对外直接投资区位决策的影响

对截面数据进行回归分析，并进行异方差检验及修正，得到表 6-10 回归结果。

表 6-10 中国矿产资源型企业对外直接投资区位决策实证检验结果

类别		变量	模型（6-5）	模型（6-6a）	模型（6-6b）	模型（6-7a）	模型（6-7b）
				国有企业	非国有企业	2008 年以前	2008 年及以后
自变量	制度套利	*SOEs*	0.79(0.36)**	—	—	-0.29(1.28)	0.78(0.39)**
		CEs	1.97(0.29)***	1.96(0.30)***	—	3.55(0.92)***	1.87(0.32)***
		RQ	-0.06(0.02)**	-0.05(0.03)**	-0.09(0.01)	-0.06(0.08)	-0.07(0.03)**
		CC	0.05(0.03)	0.06(0.03)	0.05(0.06)	0.08(0.07)	0.04(0.04)
	市场套利	*TIME*	0.84(0.39)**	0.87(0.42)**	-0.46(0.98)	—	—
控制变量	政治制度环境	*PS*	-0.002(0.01)	-0.003(0.01)	0.02(0.03)	0.01(0.04)	-0.01(0.01)
		RL	-0.01(0.68)	-0.01(0.01)	0.01(0.08)	0.02(0.08)	0.01(0.04)
	资源寻求动机	*EXORE*	-0.02(0.01)	-0.01(0.01)	-0.20(0.05)***	0.81(0.39)**	0.03(0.24)
	技术寻求动机	ln*EXTECH*	0.33(0.09)***	0.51(0.11)***	0.27(0.26)	0.32(0.25)	0.27(0.10)**
	市场寻求动机	ln*GDP*	-0.19(0.10)*	-0.20(0.10)*	-0.87(0.51)	-0.75(0.84)	-0.20(0.10)*
		ln*GDPC*	-0.36(0.38)	-0.67(0.10)	0.56(1.06)	-1.59(1.12)	0.03(0.47)
	与东道国距离	*TRADE*	0.04(0.02)	0.04(0.02)	0.28(0.08)***	0.06(0.74)	-0.08(0.33)
		BIT	-0.12(0.36)	-0.37(0.39)	3.81(1.24)***	-1.03(1.08)	-0.38(0.34)
		ln*DIS*	-0.04(0.53)	-0.46(0.62)	3.24(1.34)**	-1.06(1.63)	-0.61(0.57)
		CUL	-1.70(0.82)**	-2.28(1.05)**	-4.21(1.41)***	-2.15(2.29)	-1.14(1.11)

续表

类别	变量	模型(6-5)	模型(6-6a)	模型(6-6b)	模型(6-7a)	模型(6-7b)
			国有企业	非国有企业	2008 年以前	2008 年及以后
Adjusted R-squared		0.31	0.28	0.20	0.28	0.30
LLH		-559.16	-449.42	-96.12	-89.61	-461.56

注：括号外数值为系数，括号内数值为标准误差。*** 、** 和 * 分别表示在 1%、5%、10%的水平下显著。

回归结果显示，模型（6-5）在 1%的水平下显著，央企所有制性质及技术寻求动机与对外直接投资呈正相关；在 5%的水平下显著，国有企业所有制性质、市场套利动机与对外直接投资呈正相关，东道国监管质量、文化距离与对外直接投资呈负相关。

这里中国矿产资源对外直接投资区位选择并没有明显体现出一般动机中的资源寻求，对东道国良好政治环境寻求，以及向政治、经济、地理上与中国距离较近的东道国投资的倾向，反而倾向投资到与中国文化距离较远、监管质量并不理想的东道国，不完全符合假设 11。同时，中国矿产资源型企业倾向投资于科技发达的东道国，有明显的技术寻求动机，证明了假设 8。假设 9 在这里并没有被证明，说明套利动机改变了投资决策的逻辑，市场规模对投资决策的影响并不明显，能产生套利的环节在投资决策中的比重被加大。对于套利动机，国有企业及央企尤其是央企明显体现出所有制差异对投资的影响，形成明显不同于非国有制企业的动机，进一步验证本章 6.2 中制度套利动机促进对外投资的结论；显著倾向投资于监管质量较差、进入成本较高的东道国，否定了假设 10，而证明了假设 12；且有明显的市场套利动机，倾向在金融危机后进行投资，再次证明了本章 6.2 中市场套利动机促进对外投资的结论。

回归结果大多不满足一般性投资动机对区位的选择，套利动机下国有企业遵循与一般企业不同的投资逻辑。在套利动机驱使下，矿产资源型国有企业对资源、市场、政治环境等要素的关注度并不高。科技水平高的国家中发达国家占比较高，发达国家尤其是西方发达国家对具有政府背景的中国国有企业设置更高的投资壁垒，符合国有企业倾向投资于进入成本高的东道国的假设。这里腐败控制程度并不显著的原因可能是金融危机后大规模并购发达国家企业进行市场套利，但许多项目的实际发生地是在落后地区，虽然实际中腐败时有发生，但数据统计为项目实际控制公司所在的发达国家市场，腐败控制度较高所以未能体现；另外国有企业腐败及海外资产的侵吞问题逐步被重视，明目张胆的自利行为可能转换为更为隐蔽的手段。因此，用东道国腐败控制度来衡量东道国制度环境中的腐败因素可能效果不明显。同时，在6.2 中被证明的矿产资源型国有企业在套利动机下倾向于投资政治风险高的市场，在这里也不显著，说明加入更多控制变量以及制度套利变量后，相较于投资高政治风险的落后地区，国有企业更倾向于投资对外资投资监管严格、进入成本更高的发达地区。

（2）制度套利动机影响对外直接投资区位决策

为了进一步研究中国矿产资源型国有企业对外直接投资套利动机对投资区域决策的影响，模型（6-6）和模型（6-7）对制度套利动机和市场套利动机分别进行分析。

模型（6-6a）和模型（6-6b）分别对国有企业和非国有企业的投资进行回归分析。回归结果显示，模型（6-6a）对国有企业样本进行回归时，在1%的水平下显著，央企所有制性质及东道国技术发达水平与投资量呈正相关；在5%的水平下显著，东道国监管质量、文化距离与投资量呈负相关，市场套利动机与投资量呈正相关。国有企业中属于央企的企业对投资有显著影响，且具有明显的技术寻求动机，倾向投资于监管质量较低、市场进入成本较高的东道国，并具有显著的市场套利动机，证明了假设8、假设12，并在此验证6.2中关于市场套利影响的结论。模型（6-6b）对非国有企业样本进行回归，结果与国有企业迥异，在1%的水平下显著，贸易距离、政治距离与投资量呈正相关，东道国资源要素禀赋、文化距离与投资量呈负相关；在5%的水平下显著，东道国地理距离与投资量呈正相关。

从回归结果可以明显看出国有企业与非国有企业区位选择上的不同，国有企业体现出明显的制度与市场套利动机及技术寻求动机，此时一般投资动机对国有企业决策的影响被忽略，在套利动机驱使下其明显倾向于投资门槛较高、技术发达地区；并且区分所有制性质后，外部冲击事件对国有企业投资影响显著，而对非国有企业无明显作用，进一步证明国有企业投资的市场套利动机驱动性。非国有企业明显倾向于投资与中国经济政治关系密切的区域以降低市场进入风险；而有意思的是，非国有企业倾向于投资与中国文化差异大且距离远的地区，与假设11不完全相符，投资资源禀赋较差的国家与假设7相反。可能的原因：一是现有文献并未专门对矿产资源型非国有企业进行研究且未区分国有企业和非国有企业，样本的不同可能造成本研究与已有研究结果出现分歧；二是非国有企业在对外投资中处在与国际跨国公司和中国国有企业相比之下的双重弱势地位，降低投资风险可能成为其首要关注的重点，经济和政治的密切程度与此紧密相关，而文化和地理距离就显得不那么重要；三是大型企业争夺优质资源的竞争十分激烈，非国有企业在权衡风险与收益后可能选择资源禀赋相对不高但风险低的区域，避免产生较大的成本或损失。

（3）市场套利动机影响对外直接投资区位决策

模型（6-7a）和模型（6-7b）分别对2008年前后的投资进行回归分析。回归结果显示，模型（6-7a）对2008年以前投资的项目进行回归时，在1%的水平下显著，央企所有制性质与投资量呈正相关；在5%的水平下显著，东道国资源禀赋与投资量呈正相关。模型（6-7b）对2008年（含）以后的投资项目进行回归时与2008年以前回归结果迥异，在1%的水平下显著，央企所有制性质与投资量呈正相关；在5%的水平下显著，国有企业所有制性质、东道国科技水平与投资量呈正相关，东道国监管水平则与投资量呈负相关，证明了假设13。

从模型（6-7）回归结果的对比来看，2008年以前中国矿产资源对外直接投资主体多集中在实力雄厚的央企，且具有明显的资源寻求动机。这一时期还处在“走出去”起步阶段，中国企业从经验到实力都十分欠缺，所以相对强大的央企对矿产资源对外直接投资的影响较大，且多从国家资源安全战略角度出发，还未明显表现出套利动机。2008年以后，在全球金融危机的冲击下，许多跨国公司尤其是发达国家原本实力雄厚的跨国公司受到重创，企业价值被低估，同时国际竞争力明显下降，因此在这一时期形成中国对外投资并购的热潮，除央企外的一般国有企业也明显成为投资主力，对矿产资源对外直接投资产生显著影响。同时，这一时期外部事件冲击及国有企业所有制性质为其“套利”带来可能，再加之已有投资经验，其关注点已不全是资源本身，而是为了抓住机遇而投资，明显对受金融危机冲击较大、科技水平及投资门槛较高的发达地区产生投资偏好。

综上，在制度套利下，矿产资源型国有企业倾向于投资到对中国投资监管严苛、市场进入成本较高的技术发达地区，而非国有企业则没有这样的倾向，倾向于投资与母国政治经济关系密切的地区以降低市场进入成本；在市场套利下，矿产资源型国有企业与制度套利情况相同，倾向于投资监管严苛、市场进入成本较高的技术发达地区，而在推动市场套利动机的外部事件冲击以前则没有这样的倾向，在没有市场套利动机情况下资源需求动机是驱动企业投资的关键。

6.4　本章小结

本章对套利动机下矿产资源型国有企业对外直接投资决策进行了实证研究。研究发现在制度套利、期限套利和市场套利分别存在的情况下，它们都明显促进了矿产资源型国有企业对外直接投资，且在套利动机下使其呈现出高风险和高技术含量项目的投资偏好。当三种套利动机同时存在时，期限套利在投资决策中的权重被大大削弱，对投资的促进作用不再显著，市场套利和制度套利仍显著促进了矿产资源型国有企业对外直接投资；相比之下，制度套利的影响比市场套利更大。进一步对制度套利和市场套利对对外投资区位决策的影响进行分析。对矿产资源型国有企业、非国有企业，外部事件冲击前后进行对比分析，发现矿产资源型国有企业明显倾向于投资对外资监管更为严苛、市场进入成本高且技术发达的区域，而非国有企业则没有这样的倾向，东道国与母国政治经济的密切度在其投资决策中的所占权重较大。另外，在无市场套利动机存在时，矿产资源型国有企业对外直接投资有明显的资源寻求动机，倾向投资于资源丰富的地区，而在市场套利动机下，这种动机对决策的影响被取代，使其明显倾向于投资对外资监管更为严苛、市场进入成本高且技术发达的区域。本章一方面用实际数据验证了理论模型的结论，另一方面也对理论模型没有证明的部分进行了进一步的补充验证，体现了套利动机下所遵循的与一般投资决策不同的投资决策逻辑。

第7章 套利动机下中国矿产资源型国有企业对外直接投资行为分析

基于上文分析，在套利动机下，矿产资源型国有企业在对外直接投资过程中会形成不同于一般投资的行为特征。虽然从要素禀赋来看，矿产资源在全球分布的范围较广，但中国投资却高度集中在某几个国家或区域，尤其是美国、澳大利亚等发达国家。不仅是在矿产资源领域，在全部对外直接投资中，2014年中国对外直接投资额达1029亿美元，投资涉及全球156个国家和地区，① 但超过60%的项目均投资在发达国家和地区，且绝大多数为大型项目；从增速来看，对美国投资增长23.9%，对欧盟投资增长1.7倍。② 然而，中国企业在发达市场投资的效益并不如其规模那样可观，类似中铝收购力拓、中海油并购优尼科等失败案例屡屡发生，造成巨大损失。③ 由于政治、文化等背景的较大差异，加之中国的迅速崛起，“中国威胁论”以及西方发达国家对中国较大规模投资的戒备心理，使中国企业面临诸多投资壁垒。

---

① 数据来源：中华人民共和国商务部网站。

② 数据来源：中国新闻网。

③ 资料来源：《金融时报》《华尔街日报》。

对于矿产资源型国有企业这种情况更甚，西方发达国家一方面担心中国国有企业的政治背景，另一方面对其战略性资源投资有所戒备。而且由于国际化经验不足，中国企业常常成为发达国家“游戏规则”的牺牲品，在发达地区进行投资也相对更加不易（薛琰如等，2014；王启洋等，2013）。那么，中国企业对外投资为何仍热衷于选择发达国家市场呢？这不禁引起了笔者的强烈好奇和关注，在区位选择的研究中，对投资环境、区位优势、政治关系、政策导向等都有十分丰富的研究，但似乎不足以解释这样的现象。第 6 章的实证分析证明了套利动机形成矿产资源型企业的投资区位选择的内在动因，那么外部因素又有哪些呢？笔者进行了进一步的思考，尤其是阅读演化经济学相关文献受到启发，对区域投资策略制定和动机形成的外部驱动因素及动态演化路径、机理进行了分析。

中国企业“走出去”的过程伴随着大量相关信息的扩散与选择。一方面，高效的传播手段使中国对外投资政策、其他国家吸引外资政策、市场相关信息迅速扩散，被中国投资者接受采纳，成为投资决策的客观依据。另一方面，中国早期投资发达地区的案例为后来投资者提供了经验参考，其示范作用及舆论效应影响了后来投资者的投资决策。20 世纪 90 年代初期，我国一些较早进入国际市场的大企业在区域选择上就已经倾向发达国家和地区，截至 1995 年投资到发达国家和地区的企业数超过总数的 40%，投资金额超过总金额的 70%（姜岩，2000）。如海尔集团这种取得较大成功的典型案例，[①] 更是引起了很大的轰动，全国甚至全世界媒体争相进行报道。而鉴于自身特性，矿产资源型国有企业对于这样的信息（如大型央企的投资选择）敏感度可能更高。这种如同“意见领袖”的“影响力个体”行为更提高了信息的扩散速度和舆论关注度，往往更能影响其他主体的决策和信息选择，从而使得后来投资者的对外投资行为不乏学习与效仿成分（Keller et al.，2003；Valente，1995），而在套利动机下，矿产资源型国有企业因其属性对客观信息的敏感度会更低，而对主观信息的敏感度更高。[②] 这种信息扩散带来的效仿行为是否加剧了某一区域的投资集聚，又是否导致中国企业自相竞争而加剧了海外投资难度呢？从信息扩散的角度来看待这些问题，能够更好地解释前文所述对外投资区域分布结构、产生损失的原因以及存在的影响和问题。

信息的传递和传播是人类社会的基本特征之一，尤其是在信息技术高速发展的今天。Rogers（1995）指出信息技术和人际传播的结合有效传递了知识和信息，促进了创新的推广和扩散。信息扩散理论被广泛应用于社会、经济等诸多领域，来进行危机管理、社会化网络等研究，证券领域著名的“羊群效应”也与此有很大关系（Duggan et al.，2004；Saito et al.，2010；魏玖长等，2011；Chang et al.，2010；冯旭南等，2014）。然而，信息扩散

① 海尔集团在 20 世纪 90 年代进行全球化战略布局时采取“先难后易”的策略，率先进入欧美等在全球经济中影响力最大的发达国家和地区，取得较大的成功，2004 年被世界品牌实验室评为“世界最具影响力的 100 个品牌”之一，成为首个进入世界百强品牌排行榜的中国企业（资料来源：海尔集团官方网站）。

② 矿产资源型企业属性已进行详细分析，此处不再赘述。

的过程中，个体因认知等的不同会对信息进行不同程度的加工，形成信息的过滤、筛选等过程，造成信息选择的不同结果。这一过程从信息本身来看，则是不同信息竞争和淘汰的演化过程。对于这种演化过程，Lotka 和 Volterra 提出最初用于生态学模拟种群间动态竞争关系的 Lotka-Volterra（LV）模型，后来该模型被用于经济管理等多领域的研究来解释多种路径形成及演化问题。Farmer（2000）使用广义 LV 模型考察了股票市场价值投资者和趋势投资者的市场效率及演化；孔东民（2005）研究了 LV 系统下市场结构的演进；靳城等（2007）在 LV 模型基础上对旅游景点的市场竞争力进行了分析；钟琪等（2012）则在该模型基础上构建了社会型危机信息扩散模型，分析不同类型信息扩散的路径。

信息扩散机理以及 LV 模型对演化过程的研究，对前文所述对外投资区域选择创新、模仿的演化过程，不同类型信息扩散、竞争等关系的研究有很好的解释作用。因此，本章主要借用生态学方法从信息扩散的视角，将投资者面临的信息分为主观信息、客观信息两大类，对不同信息采纳者的投资区域选择行为进行分析，基于 LV 模型构建不同信息环境下的对外投资区域选择模型，并通过仿真模拟验证影响信息扩散的关键因素，从而分析主观信息影响下模仿性投资对投资区域分布结构和投资量的影响。

7.1　投资区域选择演化机理

7.1.1　客观信息扩散

客观信息是指客观存在，在一定的时间内不会发生改变，且具有普适性，不因接收主体的不同而变化的信息，主要可以分为国内信息和国外信息。客观信息通常通过网络、电视以及纸质媒体等传播。国内信息扩散侧重于政策性信息的扩散，随着我国对外开放的不断推进，“走出去”战略提高到国家战略层面，对外投资的相关税费优惠、行政支持、完善服务等鼓励政策信息不断扩散；同时，随着信息化服务体系的不断完善，国外信息包括市场环境、资源禀赋、制度政策等信息得以扩散。

随着全球化进程的不断加快，中国一批有实力的大型企业开始制定全球化战略，在追求利益最大化的目标下，国内投资者迫切需要了解相关政策及投资环境等信息，收集和发掘客观信息。因此，客观信息扩散的过程也是投资者信息收集的过程，是对外投资区域选择演化的初始阶段。

7.1.2　投资区域创新

在接收客观信息的基础上，一部分企业对自身优劣势及战略需求等进行分析，再进一步有针对性地对客观信息进行搜寻匹配，认为对海外某一区域的投资能够得到超额收益而进行国内外投资策略的调整，形成了一个对客观信息加工的过程，进而锁定对外投资区域，以对外投资取代部分国内投资，形成投资区位选择演化的创新阶段，本书称这类投资者为创新投资者。

7.1.3 主管信息扩散

创新投资者进行投资区域的创新后，其区位选择的相关信息通过新闻媒体、人际等进行传播，包括投资时间、地点、东道国态度、项目实施情况等信息。这些信息是基于投资创新者主体参与得到的，是其根据自身特点与客观信息匹配后产生的结果，属于经验性信息，具有个别性，因而本书称此类信息为主观信息。同时，从信息扩散程度上看，投资主体以及投资目的地的重要性、影响力越大，舆论关注度越高，信息扩散程度越高。主观信息的扩散使得投资者面临的信息环境更为复杂，形成不同类型信息竞争的局面。

7.1.4 投资区域模仿

对后来投资者而言，客观信息和主观信息具有替代性，即若投资者选择依据主观信息作决策就会相对忽视客观信息，反之亦然。由于主观信息是“已被实践的信息”，又鉴于投资创新者的影响力较大，部分后来投资者认为这样的信息更有说服力，从而产生投资区域模仿行为。甚至会出现主观信息完全替代客观信息，投资者成为完全模仿者，盲目复制创新者投资区域。同时，一部分后来投资者投资决策仍以客观信息为依据，但在这样的信息环境中不可避免地会受主观信息影响，因而形成投资区域选择演化的模仿阶段。

7.1.5　投资区域性集聚与竞争

如同证券市场投资中的“羊群效应”（Chang et al.，2000），模仿的产生与叠加最终将导致某一区域的投资集聚。在东道国投资政策、要素禀赋及对投资的需求等不变的情况下，对于中国企业来说，企业的同质性或将带来更为激烈的本国企业间竞争。当集聚达到一定程度，市场出现饱和或对一些企业来说市场进入成本高于预期收益，投资可能转移到其他区域。集聚与竞争的过程也形成了投资区域选择演化的稳定与再创新过程。这样有可能产生新一轮的模仿、集聚与创新，投资区域选择演化过程如图 7-1 所示。

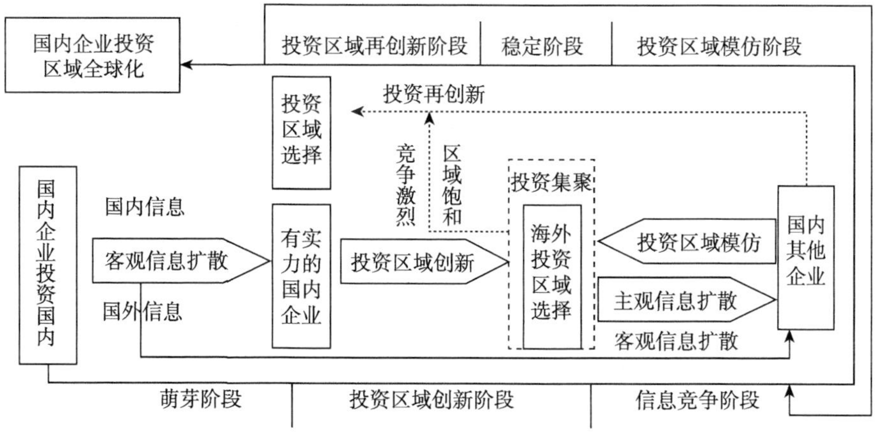

图 7-1　投资区域选择演化过程

7.2 不同信息环境下对外投资区域选择模型构建

7.2.1 客观信息扩散下的区域选择模型

客观信息扩散下，掌握客观信息的投资者进行投资区域创新，从而对外投资。r 为客观信息在投资者中的自然扩散率；一定时期内对外投资者数量不可能是无限扩张的，设定常数 I 为潜在最大投资者数量；以 $x_0(t)$ 表示 t 时掌握客观信息进行投资区域决策的投资者数量，则其在 t 时的变化为$\frac{\mathrm{d}x_0(t)}{\mathrm{d}t}$；$\frac{x_0}{I}$为掌握客观信息的创新投资者密度，这一密度越大，客观信息扩散速度遇到的阻力越大，当 $x_0(t)=I$ 时，$x_0(t)$ 停止增长。借鉴 Logistic 模型，可以得出掌握客观信息的创新投资者增长方程

$$\frac{\mathrm{d}x_0(t)}{\mathrm{d}t}=rx_0\left(1-\frac{x_0}{I}\right) \tag{7-1}$$

7.2.2 主、客观信息竞争下的区域选择模型

后来投资者决策时不同信息的竞争过程类似生态系统中种群竞争过程，因此，借鉴 LV 模型来描述后来投资者 1 和投资者 2 在区域 1 和区域 2 的投资增长方程

$$\begin{cases}\dfrac{\mathrm{d}x_1(t)}{\mathrm{d}t}=r_1x_1\left[1-\dfrac{x_1}{K_1}-b(\gamma)\dfrac{x_2}{K_2}\right]\\\dfrac{\mathrm{d}x_2(t)}{\mathrm{d}t}=r_2x_2\left(1-\dfrac{x_2}{K_2}-a\dfrac{x_1}{K_1}\right)\end{cases}\tag{7-2}$$

$$\text{s. t.}\begin{cases}a>0,\ b>0\\\gamma\in[0,\ 1]\\K_1+K_2\leqslant I\end{cases}$$

设 x_1、x_2 分别代表客观信息偏好和主观信息偏好两类投资者数量。受创新投资者影响，当后来投资者对投资区域有所锁定后，则受到所投资区域自身要素禀赋以及当地投资政策法规等的限制，该区域的投资容纳量也是有限的，从而区域投资容纳量成为限制后来投资者增长速度及规模上限的重要因素。因此，引入 K_i 为 i 区域的最大投资容纳量，由于潜在投资者数量很大而投资资源是有限的，故设 $\sum K_i\leqslant I$。式（7-2）中，K_2 为投资者 2 所投资区域的投资容纳量，因其为模仿投资，实际上与投资创新者投资区域相同；其中 b 是主观信息的替代系数，即后来投资者的区域模仿系数；而 $b(\gamma)\dfrac{x_2}{K_2}$表示单位后来投资者投资区域 2 对区域 1 的替代作用，即依据主观信息决策而进行投资区域模仿对依据客观信息决策进行投资区域创新的替代作用；$a\dfrac{x_1}{K_1}$的情况类似，a 为客观信息替代系数，即后来投资者的区域创新系数。这里替代系数 a、b 体现了创新投资者影响下，不同类型信息对投资者决策的影响程度，形成信息间竞争导致的竞争阻滞效应；而模仿系

数 b 是关于 γ 的函数，这里 γ 是创新投资者信息外溢程度系数（Casari et al.，2007），$\gamma\in[0,1]$，创新投资者及投资行为影响力越大则该系数越大，主观信息外溢程度越高，进而后来投资者模仿程度越高。投资区域选择的信息传播途径主要有被动接收和主动捕获两种，即通过媒介传播或者投资者有针对性地进行调研分析，且短期内传播途径不会有明显改变，因此可以认为传播速度为固定值，并且假定后来者的传播途径全部用于传播客观信息和主观信息，即 $r_1+r_2=1$。

7.2.3 对外投资决策动态演化

创新投资者只面临客观信息，这里主要对后来投资者面临不同类型信息时的投资决策动态演化进行分析。令式（7-2）两个式子均为零，可以得到 4 个均衡点，分别为 $N_1(K_1,\ 0)$、$N_2(0,\ K_2)$、$N_3\left(\frac{1-b}{1-ab}\cdot K_1,\ \frac{1-a}{1-ab}\cdot K_2\right)$、$N_4(0,\ 0)$。

记 $f(x_1)=\frac{\mathrm{d}x_1(t)}{\mathrm{d}t}$，$f(x_2)=\frac{\mathrm{d}x_2(t)}{\mathrm{d}t}$，再令

$$\boldsymbol{D}=\begin{bmatrix}\frac{\partial f(x_1)}{\partial x_1} & \frac{\partial f(x_1)}{\partial x_2}\\ \frac{\partial f(x_2)}{\partial x_1} & \frac{\partial f(x_2)}{\partial x_2}\end{bmatrix}=\begin{bmatrix} r_1\left(1-\frac{2x_1}{K_1}-\frac{ax_2}{K_2}\right) & -r_1\frac{bx_2}{K_2}\\ -r_2\frac{ax_2}{K_1} & r_2\left(1-\frac{2x_2}{K_2}-\frac{bx_1}{K_1}\right)\end{bmatrix} \tag{7-3}$$

$$p=-\left[\frac{\partial f(x_1)}{\partial x_1}+\frac{\partial f(x_2)}{\partial x_2}\right] \tag{7-4}$$

$$q = |\boldsymbol{D}| \tag{7-5}$$

根据稳定性理论可知，均衡点稳定状态及信息竞争结果如表 7-1所示。

表 7-1　模型均衡点状态及演化结果

稳定条件	均衡点	轨线趋势	不同信息对投资者影响	投资区域选择
$a<1$，$b<1$	$N_3\left(\frac{1-b}{1-ab}\cdot K_1,\ \frac{1-a}{1-ab}\cdot K_2\right)$	$t\to\infty$ 时，演化结果都将趋向于 N_3	主观信息对投资者 1、客观信息对投资者 2 的影响均较弱	区域 1 和区域 2 均存在投资
$a>1$，$b<1$	$N_2(0,\ K_2)$	$t\to\infty$ 时，演化结果都将趋向于 N_2	客观信息竞争力强，对投资者 2 阻滞效用较大，主观信息被忽略	投资集中在区域 1，区域 2 被淘汰
$a<1$，$b>1$	$N_1(K_1,\ 0)$	$t\to\infty$ 时，演化结果都将趋向于 N_1	主观信息竞争力强，对投资者 1 阻滞效用大，客观信息被忽略	投资均为区域模仿性投资，集中在区域 2，即创新投资者投资区域，区域 1 被淘汰
$a>1$，$b>1$ 不稳定	N_3 为鞍点	轨线趋向 N_1 或 N_2	系统不稳定，$a>b$ 时同 N_2 状态，$a<b$ 时同 N_1 状态	$a>b$ 时同 N_2 状态，$a<b$ 时同 N_1 状态

7.2.4　模型的现实意义

根据表 7-1 模型演化结果可以看出，决定投资者选择的关键因素是 a、b，也就是不同类型信息在投资者决策时的竞争力。当其中一方大于 1 时，另一种信息将被忽略，投资者投资会全部集中在一个区域。但是，在现实中往往不会出现这种极端情况：第一，现实中，多年“走出去”的经历使得所有投资者都面临复杂的信息环境，纯粹的创新投资者实际上已不存在；第二，投资者对信息采纳有不同的偏好，决策的结果也就不同；第三，投资者存在投资惯性，在初次根据某种信息偏好而选择投资区域后有很强的维持已有选择的趋势（Senthil，2007）；第四，投资者所属行业性质的不同，可能导致其采纳信息类别的不同。因此，在大多数情况下，会出现采纳不同类型信息的投资者并存的局面，则演化为模型中的均衡点 N_3，即 $a<1$ 且 $b<1$，则在区域 1 和区域 2 皆有投资。在这种情况下，得到以下两方面结论。

第一，投资区域模仿行为对投资区域分布结构产生影响，引起区域性投资集聚。两种信息长期竞争共存，在模型中表现为两类投资者在 N_3 达到平衡，则投资者 1 的投资规模为 $\frac{1-b}{1-ab}\cdot K_1$，投资者 2 的投资规模为 $\frac{1-a}{1-ab}\cdot K_2$，二者投资规模比例为 $\frac{(1-b)\cdot K_1}{(1-a)\cdot K_2}$，可见，对外投资的区域结构只与区域创新系数 a、区域模仿系数 b，即客观信息与主观信息的竞争力，以及区域 1 和区域 2 的投资容纳量有关。若假定区域 1 与区域 2 投资容纳量相等，即 $K_1=K_2$，则对外投资的区域结构将完全取决于不同信息的竞争力。

当 $a>b$ 时，后来投资者的模仿行为不明显，区域 1 的投资规模较大，当 $a\to1$，$b\to0$ 时，后来投资者刻意避开先行投资者投资区域，也可能导致其他区域的投资集聚。

当 $b>a$ 时，后来投资者模仿行为明显，投资区域 2 投资规模大，当 $b\to 1$，$a\to 0$ 时，投资将集中在创新投资者投资区域，则易导致该区域的投资集聚。

第二，投资区域模仿行为对投资规模产生影响，引起区域性投资的过度。当模仿行为存在时，将均衡时两类投资者投资规模相加可以得到总投资规模 $\frac{2-a-b}{1-ab}\cdot(K_1+K_2)$。由于 $0<a<1$，$0<b<1$，容易证明 $2-a-b>1-ab$，则 $\frac{2-a-b}{1-ab}\cdot(K_1+K_2)>K_1+K_2$，即出现模仿行为后，投资总规模将超出投资区域投资容纳量。

综上，主观信息扩散后，后来投资者采纳主观信息进行投资区域模仿，一方面易造成投资的集聚，另一方面可能引起投资过量，从而导致中国企业海外投资内部竞争。有些企业不惜以高成本为代价获取投资机会，从而偏离投资收益最大化的目标，甚至造成较大的损失。

7.3　主、客观信息竞争下区域选择模型仿真模拟

前文构建了客观信息下和主、客观信息并存下两类投资区域选择模型，但由于客观信息下投资区域选择由一种信息主导，信息扩散及区域投资增长路径较为清晰，且“走出去”战略已实施多年，纯粹依据客观信息进行的投资已很难存在，因此，本文仅

对主、客观信息并存下的投资区域选择模型进行仿真模拟，验证影响投资区域选择的主要因素。对模型的状态变量和控制参数赋予初始值，应用 Matlab 软件进行仿真。假设取投资者总数为 $I=1000$，并假定 $K=I$，t 的初始值为 1，仿真周期为 150 个单位时间。

7.3.1 投资区域选择与初始状态的关系

取 $r_1=r_2=0.5$、$a=0.6$、$b=0.8$，令投资者初始状态分别为 $x_1=100$、$x_2=80$，$x_1=200$、$x_2=80$ 进行仿真，得到两类投资者投资区域选择演化过程如图 7-2a 和图 7-2b 所示。

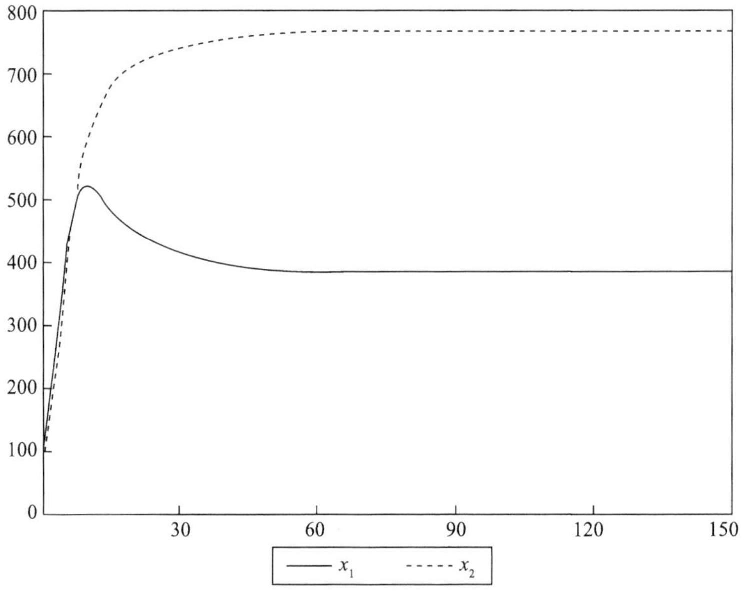

图 7-2a 投资区域选择与初始值的关系（初始值 $x_1=100$、$x_2=80$）

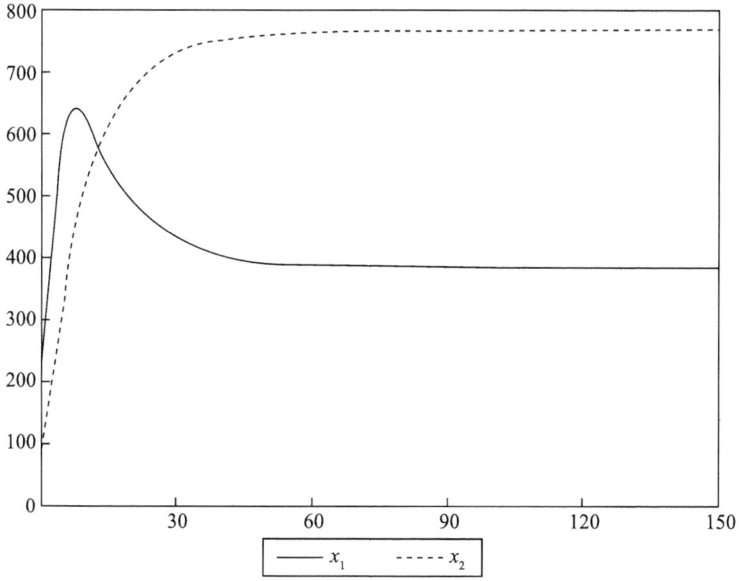

图 7-2b　投资区域选择与初始值的关系（初始值 $x_1=200$、$x_2=80$）

由仿真结果可知，投资区域选择最终平衡状态与初始值无关，但影响投资者选择的信息扩散拐点与初始值有关，且初始主观信息偏好和客观信息偏好人数相差越大，拐点值越大。

7.3.2　投资区域选择与信息自然扩散率的关系

取 $a=0.6$、$b=0.8$，投资者初始状态分别为 $x_1=100$、$x_2=80$，分别取 $r_1=0.8$、$r_2=0.2$，$r_1=0.8$、$r_2=0.6$ 进行仿真，得到两类投资者投资区域选择演化过程如图 7-3a 和图 7-3b 所示。

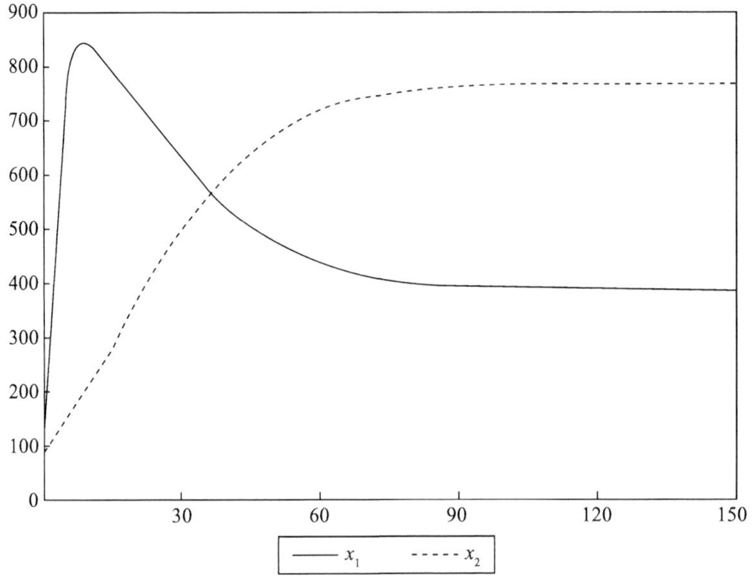

图 7-3a　投资区域选择与信息自然扩散率的关系（$r_1=0.8$、$r_2=0.2$）

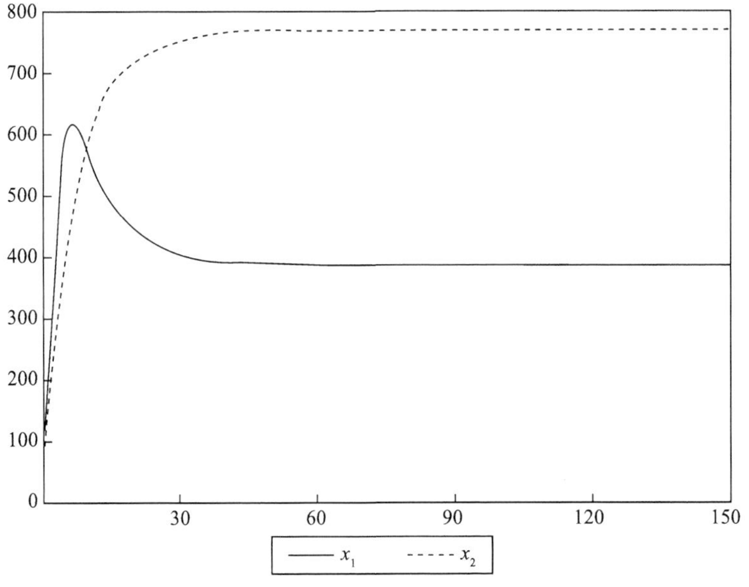

图 7-3b　投资区域选择与信息自然扩散率的关系（$r_1=0.8$、$r_2=0.6$）

由仿真结果可知，投资区域选择最终平衡状态与信息自然扩散率无关，但影响投资者选择的信息扩散拐点以及达到平衡点的时间与信息自然扩散率有关，且主观信息和客观信息自然扩散率相差越大，拐点值越大，到达平衡点的时间越长。

7.3.3　投资区域选择与信息替代系数的关系

假设区域 1 和区域 2 的投资容纳量相当，即 $K_1=K_2$，$r_1=r_2=0.5$，初始值 $x_1=100$、$x_2=80$。当客观信息和主观信息替代系数分别取 $a>1$、$b>1$，$a<1$、$b>1$，$a<1$、$b=1$，$a<1$、$b<1$，得到两类投资者投资区域选择运行过程如图 7-4a、图 7-4b、图 7-4c 和图 7-4d 所示。

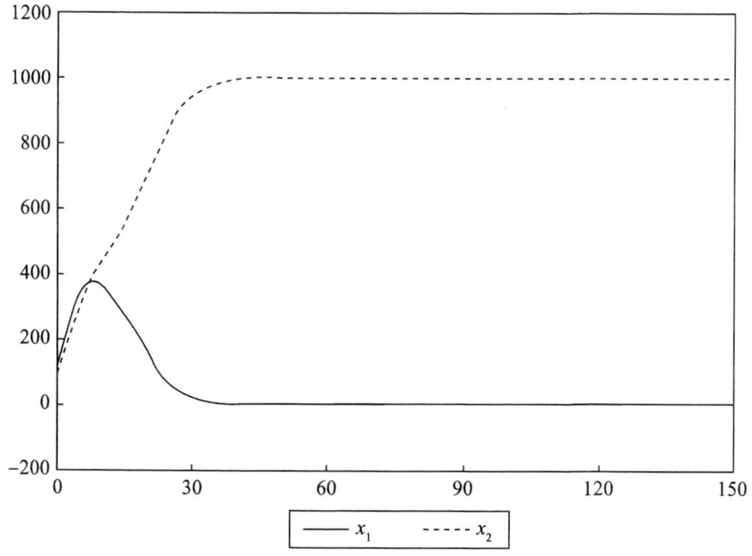

图 7-4a　投资区域选择与信息替代系数的关系（$a=1.3$、$b=1.6$）

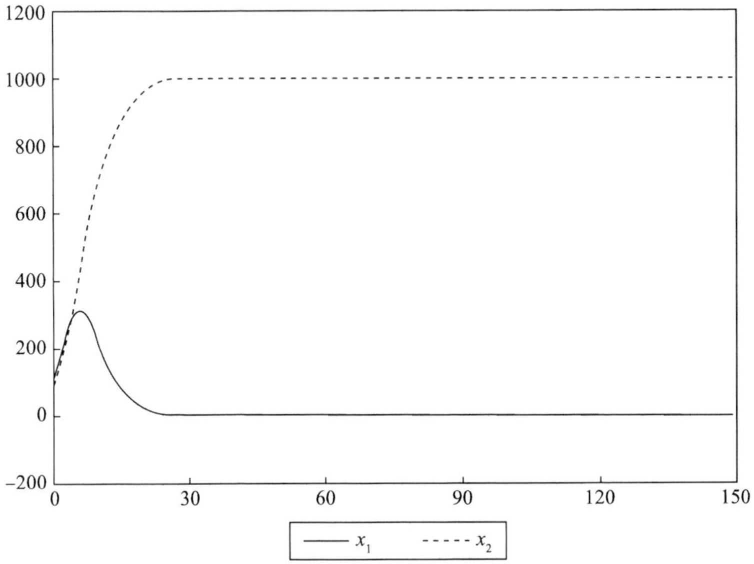

图 7-4b　投资区域选择与信息替代系数的关系（$a=0.8$、$b=1.6$）

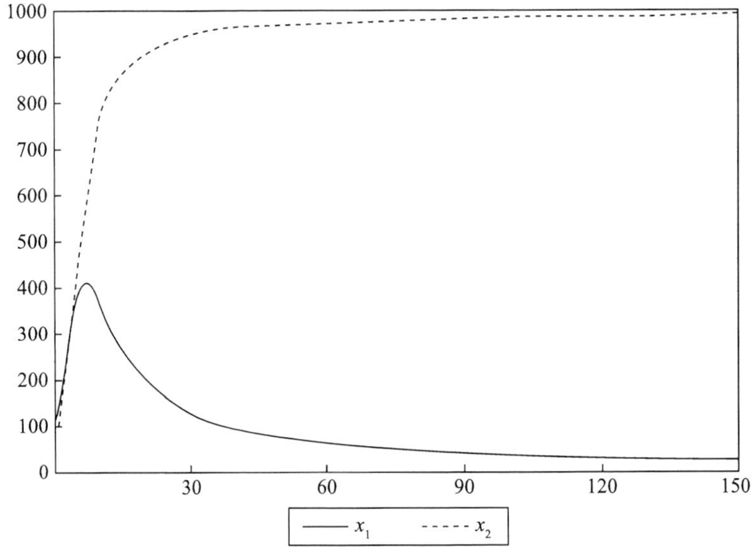

图 7-4c　投资区域选择与信息替代系数的关系（$a=0.6$、$b=1$）

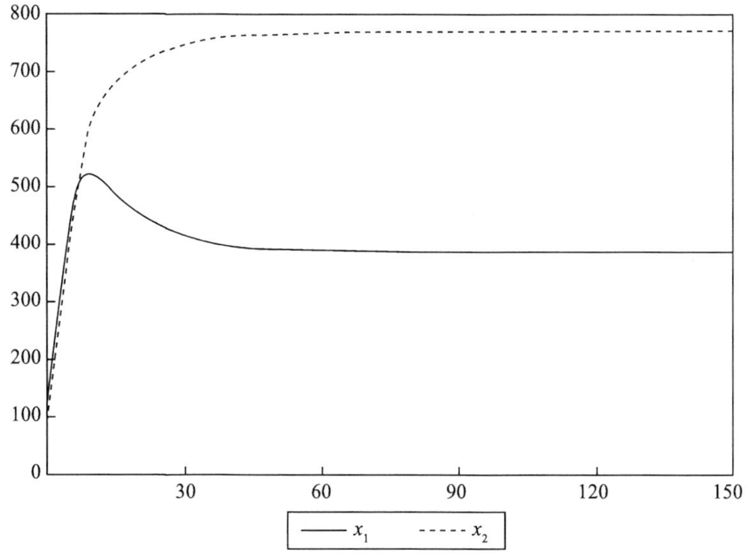

图 7-4d　投资区域选择与信息替代系数的关系（$a=0.6$、$b=0.8$）

由仿真结果可得，投资区域选择最终平衡状态与主、客观信息替代系数密切相关，但达到平衡状态所需要的时间与其不相关。当 a、b 有一方大于或等于 1 时，另一种信息偏好者将不再接收偏好的信息，最终的平衡是所有投资者接收同一种信息而投资一个区域。当 a、b 均小于 1 时，两类信息均有投资者接收，不同区域均有投资，且投资者在某区域投资量与其偏好信息的扩散系数正相关；同时不难发现，投资总量将超过区域投资容纳量，也即主观信息的扩散会增加本无对外投资计划投资者的投资需求。

7.3.4　投资区域选择与区域投资容纳量的关系

暂不考虑投资者人数，取 $a=0.6$、$b=0.8$、$r_1=r_2=0.5$，投资者初始状态为 $x_1=100$、$x_2=80$，分别取 $K_1=1000$、$K_2=1500$，

$K_1=1500$、$K_2=800$ 进行仿真，得到两类投资者投资区域选择运行过程如图 7-5a 和图 7-5b 所示。

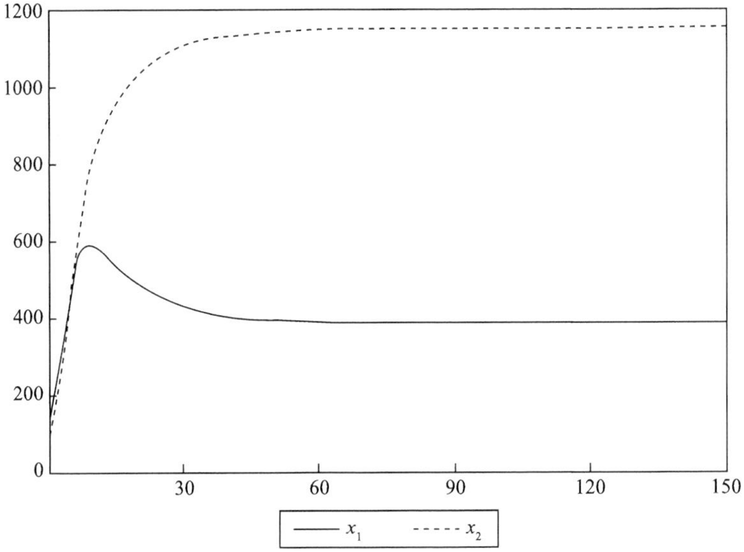

图 7-5a　投资区域选择与区域投资容纳量的关系（$K_1=1000$、$K_2=1500$）

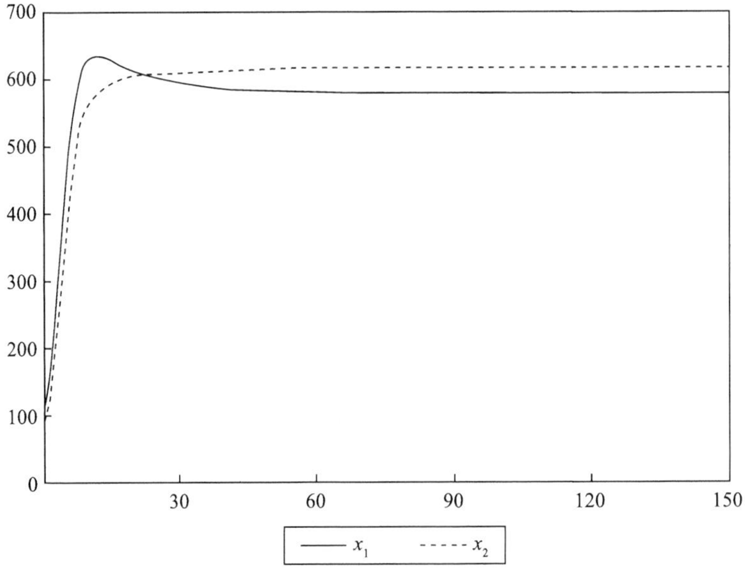

图 7-5b　投资区域选择与区域投资容纳量的关系（$K_1=1500$、$K_2=800$）

由仿真结果可知，投资区域选择最终平衡状态与区域投资容纳量相关，且影响投资区域选择的信息扩散拐点也与其相关，区域投资容纳量越大，达到平衡状态的值及拐点值越高。

仿真模拟的结果进一步证明了前文的推论，信息替代系数和区域投资容纳量是影响投资者区域选择的关键因素，而信息自然扩散率则影响投资者区域选择达到平衡状态的时间。

7.4　本章小结

本文以 LV 模型为基础，从信息扩散角度构建了中国投资者对外投资区域选择模型，并对其进行仿真模拟，着重研究主观信息影响下模仿投资行为带来的投资区域选择演化路径。结果表明信息替代系数、区域投资容纳量及信息扩散率与对外投资区域选择密切相关。

通过本章的研究，笔者得出以下启示。

第一，若对外投资企业受主观信息影响较大，则易产生投资区域选择的模仿行为，造成投资区域性集聚和中国企业间的竞争。若这种模仿仅停留在区域层面，投资选择容易忽略企业发展战略以及企业自身能力水平，导致企业自身与投资区域不匹配，带来较大损失。但这并不意味着要刻意避开主观信息，而是应全面关注创新投资者投资战略，学习借鉴其成功的本质所在，根据自身和投资地的实际情况对信息进行匹配，在客观信息基础上参考前人的经验教训选择最合适的投资区域。

第二，透彻分析客观信息，及时捕捉信息动态导向，充分借助政策优势。虽然客观信息在相当长一段时间内不会有较大变化，但客观信息的动态调整应成为投资区域选择的重要信号。现阶段中国提出“一带一路”倡议，将进一步加大对外投资力度，中国企业应及时抓住机遇，向沿线国家进行投资，矿产资源型企业应借助政策利好，充分发掘沿线国家及地区的资源要素比较优势。具体来看：环渤海与东北区域处于中蒙俄经济走廊，可优先向毗邻的俄罗斯、蒙古国，东向日本、韩国投资；中部及西北地区位于新亚欧大陆桥经济走廊，可向中亚、西亚、中东欧等国家进行投资；西南地区处于中国—中亚—西亚经济走廊、中国—中南半岛经济走廊，尤其是云南这一资源大省可加强南亚、东南亚及西亚的投资与合作力度；环渤海、长三角、海峡西岸、珠三角、北部湾等地区连接太平洋和印度洋沿岸地区，太平洋沿岸地区一直是投资热门区域，可更多关注印度洋沿岸地区。

第三，主、客观信息的竞争关系在投资区域选择过程中可转化为互补关系。企业应建立信息搜集、接收、筛选及预警平台，一方面及时解读并掌握客观信息的动态变化，以便在投资决策中作出迅速有效的反应，另一方面全面搜集主观信息，尽可能扩大主观信息扩散主体的样本量，并深入分析投资区域选择与市场进入及运作策略。通过对主、客观信息的筛选与匹配，进行不同区域投资可行性及风险分析与预警，从而支撑投资区域选择。

第 8 章　套利动机下中国矿产资源型国有企业对外直接投资决策的监管对策

矿产资源型国有企业在本身所有制优势下，能够迅速把握不同市场及特定投资时机下的投资机会而形成其他企业不具备的套利空间，这本身也可以成为其获取收益、增强企业实力和全球竞争力的一种途径。然而，从第 3 章对矿产资源型国有企业对外投资现状的分析中不难看出，这种套利空间的存在并没有为其带来更多的收益，其投资成效并不乐观，甚至存在相当程度的亏损。同时，国有企业所有制优势在监管缺失的环境中也滋生了委托代理、腐败等问题，造成大量国有资产流失，更与国家“走出去”战略的初衷和战略目标相悖。本书研究表明，套利动机下矿产资源型国有企业的投资决策遵循了与一般投资动机下不同的决策逻辑，套利动机在投资决策的形成过程中产生较大影响。为了使矿产资源型国有企业利用自身优势，有效获取国内外市场多种差异带来的套利收益，实现国有资产保值增值和企业战略发展目标，有必要对矿产资源型国有企业对外直接投资的套利动机从源头上进行引导和规范。这样能够减少和规避其投资决策中的投机性，防止其利用自身所有制特性形成自利动机等不利因素，从而造成决策上的战略性偏差，造成投资亏损和国有资产流失。本章针对不同套利动机构建起投资决策的监管、引导及审查机制，从而促使矿产资源型国有企业形成有利于企业发展及国有资产保值增值的投资决策。

8.1 制度套利监管机制

源于所有制优势的资源易得性，矿产资源型国有企业相对于其他企业在对外投资的各环节直接或变相地降低了投资成本，基于这种优势形成的制度套利使矿产资源型国有企业能够获取制度势差、所有制优势、国内外监管差异，形成制度套利收益。然而，这种优势下也容易使其因资源垄断以及国家兜底、全民补贴买单的心理形成对成本控制和风险的忽视，从而更容易导致投资的失败及亏损，形成国有资产流失。因此，应从源头上加强与完善国有企业的监管机制，倒逼其形成对国有资产运作的谨慎态度，在决策形成过程中加强对成本的控制。

8.1.1 建立健全矿产资源型国有企业海外资产监查制度

完善的海外资产监查制度有利于规范矿产资源型国有企业的海外投资资产配置，提高投资效率，避免非正当动机形成的不必要投资和开销，从而真正有效发挥其所有制优势形成的成本优势，促进企业发展和国有资产在海外的良性运作。但由前文分析得知，国有资产管理部门下达的种种海外资产监管文件并没有收到很好的效果，目前国家审计部门对国有企业海外资产的审计几乎还是空白，对国有企业母公司的审计也因种种限制在审计覆盖的深度和广度上都十分欠缺。部门之间的信息不对称和制约在某种程度上阻碍了对海外国有资产的监察进度，为国有企业的不正当套利提供了便利。除了部门之间的信息不对称，国有资产管理部门与国有企业之间、国有企业母公司与海外子公司之间都存在严重的信息不对称，形成了上行下不达、下行上不知的局面。鉴于此，建立健全海外资产监查制度可从以下几方面着手。

第一，管理部门要协调好各部门之间关系，对海外资产的审查必须统一思想、态度坚决，在明晰权责的同时必须相互配合，以达到有效监管国有资产的一致目标。同时，推进国有资产监管改革，实现科学管理，不缺位、不越权，建立监管权力清单和责任清单，实现以管企业为主向以管资本为主的转变。

第二，从企业自身出发，规范企业自查制度。企业自查不能停留在形式层面，而应成为海外国有资产监管的第一道关口。国有企业应从审查组织构建、审查制度等方面细化审查过程、深化审查力度，将各个环节的审查落实责任到人；对于海外项目的审查不能停留在等消息、听汇报、看报表层面，账目的清查、项目实施的进展及项目相关责任人要深入、具体、切合实际，必要时可以进行实地审查。

第三，全面引进第三方审计制度，构建多层次审计格局。第三方审计能够有效打破企业内部已有利益格局，在审计海外国有资产的同时有利于促进内部审计的规范性和真实性，因此，在对国有资产的审计中亟待形成一套多层次全方位的完整体系，以国家审计为主、第三方审计辅助监督，形成国家外部审计、企业内部审计和独立第三方审计的体系格局。

第四，提高国有资产监管各层级间信息透明度。对海外国有资产运作情况的回报应逐层筛查，确保信息的可靠和透明，建立排查、抽查制度和惩罚机制，对瞒报、谎报、造假的情况严厉打击。

第五，实施国有资产和国有企业信息公开制度，建立信息公开网络平台，及时披露国有资本，尤其是海外国有资本及项目的使用和运作情况，保障公众知情权，并充分发挥媒体舆论监督作用。

8.1.2 构建海外项目决策层责任终身追查与监督制度

矿产资源型国有企业所有制属性带来了其对外投资中制度套利的可能，但同样基于其所有制属性及相关特征，其决策层的自利动机或非理性投资等风险也隐含在了制度套利动机中。这就可能导致决策层政绩追求下的投资短视，使得对项目的投资只注重其对当前政绩的影响而并不关注项目自身价值以及长期收益，或者因其他自利动机在投资过程中获取私利，投资一些不需要投资的项目或者花费不必要的开销等，导致制度套利过程中投机性在决策权重中占据上风，从而形成决策上的战略性偏差，导致投资失败或亏损。从源头上杜绝这一现象，有必要建立针对投资决策层的责任终身追查与监督制度。决策者与投资项目挂钩，在项目续存期内对其长期负责，并建立相应的责任追究与惩罚机制，无论决策者是否调离决策当时的岗位，对人不对岗。通过对投资项目存续期的长期追踪与跟进监督，监测项目产生的影响，尤其是矿产资源类长期投资项目；对项目运行期间与预期有明显差异的，或因决策者不尽职导致重大损失的，坚决予以行政甚至刑事处罚。与此同时，应逐渐对国有企业管理者的考核机制进行改革，从根源上遏制其为私利等套利的空间。但这是一个庞大的工程，应尽快建立起相应的激励约束机制。矿产资源型项目为长期项目，一方面，投资往往短期内可能不会释放负效应，使得决策者套利动机有一定的隐蔽性，另一方面，一些有投资前景和价值的项目投资期长、收益见效慢，决策者可能在追求业绩的驱动下放弃对该类项目进行投机套利。因此，建立长期监督和激励约束机制有利于正确评估决策层绩效，杜绝盲目套利行为。同时，为满足对决策者短期考核的需求，可通过第三方评估机构对项目未来的预期收益等进行专业评估，使这种长效激励约束机制落到实处。

8.1.3　加快国有企业改革完善海外国有资产管理体制

完善矿产资源型国有企业的海外监管与决策者的行为约束机制，仍需从根本上的体制层面解决问题。经过多年努力，国有企业改革已有很大发展，但其市场主体地位尚未真正确立，现代企业制度并不健全，导致了许多问题。中共中央、国务院于2015年8月印发了《关于深化国有企业改革的指导意见》，进一步推进国有企业改革，国有企业改革有利于从制度上缩小国有企业的不当套利空间。

第一，推进现代公司制度的完善。通过推进公司股份制实现股权多元化，健全法人治理结构，建立协调运作有效制衡的决策执行机制，加强企业领导人及职业经理人的选聘市场化。

第二，在矿产资源型企业对外投资发展中，民营企业的成长及比重的提高是一大趋势。国有企业进行全球化布局时，应转变思路，以资本为纽带，引入其他所有制企业，一方面实现优势互补，有利于提高海外投资成功率，另一方面多种所有制资本形成了多资本主体参与的约束监督机制，能够有效降低国有企业不当套利空间。

第三，在国有资产管理方面转变思路，由管企业转变为管资本，探索有效运营模式，改组组建国有资本投资、运营公司，以其作为国有资产市场化运作的专业平台，实现国有资产运作的透明化、高效化，有效形成国有资本的多重制约监督机制。

期限套利与市场套利的实现均在国有企业所有制性质优势的前提下进行，制度套利下的监管机制对期限套利和市场套利也是必要的，在制度套利时已作较为详细论述，在期限套利和市场套利下引导与审查机制中不再赘述。

8.2　期限套利引导机制

期限套利动机下，为抓住短暂的套利机会，矿产资源型国有企业可能仅因为价格的波动盲目加速投资，而与企业自身发展需求不相符合，容易形成企业资源的错配。在加强监管的基础上需要从投资方向上进行引导，使矿产资源型国有企业能够有效获取期限套利收益，带来企业价值的提升和海外国有资产增值。

8.2.1　形成投资品种优化引导机制

从矿产资源型国有企业对外投资现状的分析中可以看到，其投资的品种中石油、铁、铝等集中度较高、规模较大，虽然战略资源的储备十分重要，但在投资集中度高的品种中，除了石油缺口较大，钢铁和铝在国内均存在不同程度的产能过剩，而从矿产资源国有企业对外投资的特点中也看到，其投资的较大规模铁矿基本为贫铁矿。从投资时间上看，相当一部分铁、铝矿的投资是在2005年全球大宗商品价格在新兴市场需求下大幅上涨的刺激下进行的。然而，事实证明在这样期限套利动机下进行的投资项目并没有取得良好收效。对投资品种进行优化能够有效提高企业资源的使用效率，应根据工业发展周期、产业生命周期以及国民经济发展需求，鼓励投资工业发展阶段大量需求的矿产品种，优化矿产品种储备结构。对产能过剩产业的投资应严格投资审查和进行必要限制，因为这些企业的重点不是资源扩张而是产业升级和创新，若投资就要投资真正的优质资源。

8.2.2 促进矿产资源企业产业升级及创新

许多矿产资源型企业期望通过海外投资规模的扩张提高自身实力，然而对于很多企业来说，其关键的问题并不是资源获取和规模扩张，许多钢铁企业存在严重产能过剩，是因为其生产的多是初级产品或技术含量低的产品，而市场大量需求的中高端产品仍需大量进口。热衷于对外投资使得企业将关注重点及资源放在单纯的规模扩张上而忽略了自身技术、管理等方面能力的提高，从而造成了大量的资源浪费。结合本书中 7.2.1 内容，一方面应对过剩产业对外投资设置限制和要求，另一方面应给出相关优惠政策促进企业调整盈利结构，比如根据实际情况减少或取消某些企业对外投资的补贴和优惠，对其技术研发、产品创新及产业升级等方面给予更大的补贴和优惠政策，促使其从单纯追求规模扩张转向追求效率提高。

8.2.3 注重海外资金运营过程，强调回归实体经济

通过对外直接投资获取矿产资源以满足国内市场需求是必要的，也是无可厚非的，企业通过价差获取资源以提高收益的做法

也是合理的，但是在投资过程中仅因价格差异进行决策带来的偏差使得这样的初衷在很多时候并未实现，相反却对实体经济起到反噬作用，这对于矿产资源型企业来说是本末倒置的。所以，需要引导企业以自身核心业务为经营重点，防范其投资决策由套利转变为投资。此外，除事前评估外，由于国内外价格差异的存在，事前评估时可能作出有利于投资的结论，但不能保证投资后项目运行的状况，也可能使企业资源无法有效配置。因此，加强对海外投资后项目运行过程的控制，提高企业对海外项目的运营能力十分重要。

8.3　市场套利审查机制

在外部冲击下，国内外市场对冲击反应的程度不同，给矿产资源型国有企业带来了获取市场套利收益的可能。特别是金融危机冲击下，矿产资源型国有企业抱着“抄底”心态大规模进入发达市场，虽然在特定时期内减少了投资的阻力、提高了投资成功的概率，但投资区域的高度集中也造成了中国企业自身的相互竞争，并再次引起了东道国警戒。同时，虽然成功获得投资权，但市场规则、文化等差异较大，对投资环境的了解程度不够或对项目本身了解不足，资本全球化运作的能力不足，成为矿产资源型国有企业对外直接投资损失的重要原因。虽然矿产资源型国有企业凭借自身优势能够在外部冲击中获得市场套利的机会，但是由于前文分析的特性及风险的存在，市场套利可能并不能给其带来良好的收益，市场套利动机的投机性也可能使投资决策偏离企业战略发展目标，导致投资失败亏损。而市场套利下决策的结果较多体现在投资区域选择及特定时机下的项目选择等方面，因此，需要在投资区域，进度以及企业自身资源配置、风控能力上有所引导。

8.3.1 建立投资区域审查引导机制

市场套利动机下投资区域集中在发达国家，导致有些价不符实的项目被投资，因此对于企业的投资区域选择应建立投资引导机制。建立投资区域审查预警体系，帮助国有企业了解投资区域现状，对过度集中的投资区域给出投资预警信号，提示其投资的竞争风险。对投资集中区域的项目应有一定的审查环节，对项目投资的必要性、投资项目价值与企业自身实力的匹配度有初步的判断，尽可能降低跟风投资、盲目投资的可能性，避免中国企业海外自相竞争而浪费国家资源。另外，在“一带一路”建设的良好契机下，可以重点与沿线国家开展资源领域合作。

8.3.2 加强企业海外市场动态研判及风险防范能力

由于意识形态、制度环境、经济环境等存在较大差异，矿产资源型国有企业对外投资面临的是一个较为陌生的投资环境，而海外对中国企业的戒备心理，使其面临更多的隐性投资壁垒，投资环境更为复杂。另外，进行海外投资还要面临复杂多变的国际宏观经济环境。在这样的背景下，矿产资源型国有企业面临更大的风险敞口，投资难度更高。因此，矿产资源型国有企业在对外直接投资中一方面需要提高对海外市场环境动态研判的能力，对于不同的国家，深入了解其投资规则、环境的不同特点，深入把握其对外投资的相关政策，提高风险的可控性；另一方面需要强化自身风险控制能力及全球资产配置的风险分散能力，做到适度投资、进退有度。

8.3.3　完善投资决策科学论证及风险评估机制

所有制优势的存在，使得矿产资源型国有企业在进行投资决策时容易忽视成本与风险控制。特定时机内通过快速大规模资金调动进行套利，可能仅为了抓住投资机会而投资，使得投资缺乏有效论证和风险评估，由决策层直接拍板。不规范的投资决策流程和较低的风控意识不仅造成投资短视又容易给投资带来巨大的隐患，因此加强对投资项目的科学论证以及风险评估十分重要。

第一，规范论证评估环节，严格进行项目投资的科学评估和可行性分析，形成对外直接投资、矿产资源、国际经济等各专业专家组成的论证小组，对所要投资的矿产资源项目进行全面评估，形成专业评估报告，同时对评估小组也要实施责任追查制度，防止内部人控制的情况发生。

第二，完善风险评估制度，严格控制风险评估环节。可以通过独立第三方机构，进行专业和专门的项目风险评估，明确投资潜在风险，对存在明显风险仍进行投资的，应对决策者进行追责。

8.3.4 引入合理退出审查机制

对外投资本身存在许多的不确定性，矿产资源型国有企业本身市场判断的水平也是有限的，再加上套利动机的存在，在项目运行过程中难免遇到与预期不符而导致亏损的情况。有些亏损是暂时的、可逆的，但有些亏损则是项目本身存在的“先天性”问题引起的，只是在未真正运营前没有暴露出来，其亏损是不可逆的。前文提出建立长期的项目追踪监察机制，一方面是追踪责任人，另一方面也是实时跟踪海外投资项目的运作情况，对与预期收益相去甚远且客观环境造成的亏损，如投资的油田多年未出油，投资的铁矿品位极低而开采成本巨大，即使项目继续运行也是入不敷出，以及一些连续多年亏损的项目，应适当引入退出机制；对明显的投资失误或持续大幅亏损的投资必须引导退出，对情节严重的实施强制退出，以避免更大的损失。

第9章　结　论

9.1　基本结论

本书以矿产资源型国有企业对外直接投资的重要性和现状为背景，从投资动机出发挖掘其中原因，引出套利动机的存在，从而提出本书的研究议题、目标、方法及思路。在回顾国内外套利、对外直接投资动机、投资决策理论及研究的基础上，分析了本书研究的必要性和理论意义。在此基础上对矿产资源型国有企业对外直接投资现状及问题、矿产资源型国有企业对外直接投资的套利动机作用机理进行分析，构建了套利动机下矿产资源型国有企业对外直接投资决策模型。

第一，从投资时间上看，本书发现2005年以后矿产资源投资开始明显增多，到2008年以后出现井喷式增长；从区域分布上看，投资分布范围广但集中度较高，发达地区投资规模较大，尤其是澳大利亚和加拿大投资集中度最高；从投资品种上看，能源是矿产资源对外直接投资的主要对象，在金属矿产投资中铁、铝等投资比重较大；从投资主体上看，国有企业是矿产资源对外直接投资的主力，但民营企业的数量也在逐渐增长中；从失败亏损情况来看，矿产资源型国有企业对外直接投资失败的主要原因是政治原因，即东道国政策壁垒，而投资亏损的原因主要是风险评估及控制能力不足。进而对矿产资源型国有企业对外投资与民营企业和国际大型跨国公司相比呈现出的不同特点进行归纳分析，发现与民营企业相比，其投资起步早、投资规模大、具有所有权优势但亏损程度也大；与国际大型跨国矿业公司相比，其投资起步较晚且总体质量欠佳。

第二，本书对矿产资源型国有企业对外直接投资套利动机及作用机理进行分析，认为矿产资源的金融属性、不同市场和不同所有制特征的差异等为矿产资源型国有企业套利的形成提供了必要条件。套利动机被细分为制度套利、期限套利和市场套利三种，制度套利因为制度势差和所有制势差通过投资成本的不确定性影响投资决策，期限套利通过矿产资源产品价格国内外市场的时滞性差异造成投资标的资产价值不确定性影响投资决策，市场套利通过外部事件冲击造成投资标的初始价值的不确定性，影响投资决策。

第三，在分析了套利动机作用机理的基础上，本书以不确定条件下投资决策模型为基础模型，构建了套利动机下矿产资源型国有企业对外投资决策模型总体框架，将体现套利动机衡量指标的套利收益作为新的变量纳入模型中，并发现套利动机对矿产资源型国有企业对外直接投资有明显促进作用。在基础模型和套利动机下矿产资源型国有企业对外投资决策模型总体框架的基础上，本书构建了套利动机下矿产资源型国有企业对外直接投资决策模型，分别针对制度套利、期限套利和市场套利构建了投资决策模型，将套利对投资决策的影响分别以成本的减少、资产价值时滞性差异以及初始价格下降的形式纳入不确定条件下投资决策模型中。结论显示，相对于无套利动机的情况，制度套利、期限套利和市场套利动机下，投机机会价值将下降，企业将缩短投资等待时间，加快对外投资的速度。

第四，本书进行了套利动机下矿产资源型国有企业对外直接投资实证研究，发现制度套利、期限套利和市场套利在分别存在的情况下，都明显促进了矿产资源型国有企业对外直接投资，且其在套利动机下呈现出高风险和高技术含量项目的投资偏好；当三种套利动机同时存在时，期限套利在投资决策中的权重被大大削弱，对投资的促进作用不再显著，市场套利和制度套利仍显著促进了矿产资源型国有企业对外直接投资，而相较之下，制度套利的影响比市场套利更大。进一步对套利动机下矿产资源型国有企业投资区位决策进行研究，发现制度套利动机下，矿产资源型国有企业明显倾向于投资对外资监管更为严苛、市场进入成本高且技术发达的区域；而无制度套利动机的非国有企业则没有这样的倾向，东道国与母国政治经济的密切度在其投资决策中所占的权重较大；无市场套利动机时，矿产资源型国有企业对外直接投资有明显的资源寻求动机，倾向投资于资源丰富的地区；在市场套利动机下，资源寻求动机对决策的影响被取代，使其明显倾向于投资对外资监管更为严苛、市场进入成本高且技术发达的区域。

第五，本书从套利动机这一新的视角挖掘了中国矿产资源对外直接投资的内在驱动因素，并试图厘清套利动机对其对外直接投资决策产生的影响和作用机理。本书首先将套利动机及风险纳入决策范畴，构建考虑矿产资源属性、国有企业属性，基于套利动机的多因素不确定性决策模型并进行实证分析，用现实数据进一步验证套利动机对投资决策的影响。其次，基于生态演化学视角，从信息扩散角度进一步解释和分析了其对外投资区域集聚性的外部原因，从而探寻中国矿产资源型国有企业对外投资决策的行为特征、规律及作用机理，为规避其低效投资决策提供了理论依据和政策建议，并丰富和完善了中国对外直接投资领域的理论体系。最后，从企业投资决策的微观层面出发，解决中国对外直接投资中宏观层面的问题，从而对中国对外投资的理论与实践产生一定的现实意义。

9.2 不足之处

9.2.1 理论研究方面

套利动机下矿产资源型国有企业对外直接投资决策模型构建的深度和广度还有待提高。首先，从深度上来说，在总体模型中，将包含三种套利动机关键要素的套利收益变量作为新的变量纳入不确定条件下决策模型中，但由于自身局限性和模型特征，并没有进一步推导三种套利间的相互作用，只能在实证研究中对该问题进行检验。在对不同套利动机分别进行模型构建时，模型推导只证明了三种套利动机都加剧了矿产资源型国有企业对外直接投资的冲动，加快了其投资步伐，但由于自身局限性和模型特征并没有推导出不同套利动机下对其对外直接投资影响的差异及投资特征，也只能在实证中加以补充验证。其次，由于思路的局限性并为了模型推导的可实现性，这里仅筛选出三个衡量套利收益的指标，但影响套利收益的渠道和原因并不局限于此，因此模型的广度还有待提高。

9.2.2 实证研究方面

由于获取数据的局限性和处理的复杂性，文中仅采用截面数据及基础实证方法进行分析，虽然研究结果基本解决了问题，但在反映现实情况的力度上还有待进一步提高。在变量的选取上，由于数据获取的难度大或没有直接衡量影响因素的数据，如难以直接获取腐败数据，书中只能用东道国对腐败的控制度来间接衡量，但一方面由于腐败的隐蔽性，另一方面由于项目标的公司所属国和项目实施所在国可能存在不同，对腐败程度的描述变量对投资决策影响不显著，不能很好地实现研究目标。

9.3 研究展望

第一，扩宽研究思路，对套利动机作用机理进行更多路径和更广泛的研究，完善套利动机衡量指标体系。

第二，进一步对模型进行深入推导，必要的时候可以选择其他形式的模型对不同套利产生的不同影响及其相互作用关系进行理论推导。

第三，尝试细化数据，尽量区分项目投资地和实施地，以更好地辨别套利动机影响，同时尝试改变数据样本形式，对数据进行更有层次、更有深度的实证分析。

参考文献

[1] 安宇宏. 一带一路战略 [J]. 宏观经济管理，2015 (1)：82.

[2] 陈丽萍，王威，姜雅，等. 我国境外矿产资源勘查开发投资面临的困境及建议 [J]. 国土资源情报，2009 (7)：34-41.

[3] 陈曦，武力超. 中国能源资源类 OFDI 发展路径实证分析 [J]. 中国人口·资源与环境，2013 (S2)：161-164.

[4] 陈岩，杨桓，张斌. 中国对外投资动因、制度调节与地区差异 [J]. 管理科学，2012，25 (3)：112-120.

[5] 陈四新. 上海期货交易所期铜跨期套利方法 [J]. 华东经济管理，2003，17 (3)：101-102.

[6] 程才良. "制度性套利" 与我国管理层收购行为的分析[J]. 经济问题，2007 (7)：23-26.

[7] 池国华，张传财，韩洪灵. 内部控制缺陷信息披露对个人投资者风险认知的影响：一项实验研究 [J]. 审计研究，2012 (2)：105-112.

[8] 董艳，张大永，蔡栋梁. 走进非洲——中国对非洲投资决定因素的实证研究 [J]. 经济学，2011，10 (2)：676-690.

[9] 董红晔，李小荣. 国有企业高管权力与过度投资 [J]. 经济管理，2014 (10)：75-87.

[10] 杜放，姜雪兰. 中企海外购矿八成亏损 [N]. 参考消息报，2014-06-19.

[11] 冯旭南，徐宗宇．分析师、信息传播与股价联动：基于中国股市信息溢出的研究［J］．管理工程学报，2014，28（4）：75-81.

[12] 高健，杨丹，董秀成．金融危机背景下中国石油企业海外并购战略研究［J］．经济与管理研究，2009（9）：52-65.

[13] 韩国高，高铁梅，王立国，等．中国制造业产能过剩测度［J］．经济研究，2011（12）：18-31.

[14] 韩立岩，刘燕，刘姗．金融风暴与救市机制［J］．管理评论，2009，21（4）：3-10.

[15] 韩立岩，张小磊．国企衍生品投资亏损：解析及监管启示［J］．管理评论，2009，12（21）：117-125.

[16] 何贤杰，盛昌明，王峰．我国能源安全形势评价战略选择及对策建议［J］．中国国土资源经济，2011（6）：13-16.

[17] 贺灿飞，魏后凯．信息成本、集聚经济与中国外商投资区位［J］．中国工业经济，2001（9）：38-45.

[18] 胡宁．政治联系、管理层权力与国有企业投资决策［J］．上海经济研究，2014（12）：105-121.

[19] 姜岩．跨国公司市场进入战略研究——兼评中国企业进入国际市场战略［J］．财经问题研究，2000（1）：34-42.

[20] 蒋冠宏，蒋殿春．中国对外投资的区位选择：基于投资引力模型的面板数据检验［J］．世界经济，2012（9）：21-40.

[21] 蒋绵绵，杜朝运，李慧宇．基于多重套利模型的短期国际资本流动影响因素分析［J］．统计与决策，2015（5）：170-173.

[22] 金祥荣，茹玉骢，吴宏．制度、企业生产效率与中国地区间出口差异［J］．管理世界，2008（11）：65-77.

[23] 靳城，陆玉麒，徐菁．基于 Lotka-Volterra 系统的旅游景点市场竞争

分析［J］. 南京师范大学学报（自然科学版），2007，30（2）：104-109.

［24］孔东民 . Lotka-Volterra 系统下市场结构的演进［J］. 管理工程学报，2005（3）：77-81.

［25］赖伟娟，黄静波 . 出口行为、企业异质性与生产率研究——基于1999-2007 年中国企业普查数据的实证分析［J］. 国际经贸探索，2011（7）：26-33.

［26］李凝，胡日东 . 全球化下企业对外直接投资的制度套利动机分析与启示［J］. 科技创业月刊，2011（5）：20-22.

［27］林毅夫，巫和懋，邢亦青 ."潮涌现象"与产能过剩的形成机制［J］. 经济研究，2010（10）：4-19.

［28］刘彬，曾勇，李强，等 . 外资银行并购与退出决策的实物期权模型［J］. 系统工程理论与实践，2012（3）：522-534.

［29］刘慧，綦建红 . 异质性 OFDI 企业序贯投资存在区位选择的"路径依赖"吗？［J］. 国际贸易问题，2015（8）：123-134.

［30］刘毅，陈学中 . 我国企业海外并购风险的动态监测预警与防范研究［J］. 科学与管理，2012，32（2）：71-75.

［31］孟夏，陈磊 . 金融发展、FDI 与中国制造业出口绩效——基于新新贸易理论的实证分析［J］. 经济评论，2012（1）：108-115.

［32］庞明川 . 中国企业对发达国家的逆向投资：进入障碍与策略［J］. 财经问题研究，2011（11）：31-38.

［33］钱学锋，王菊蓉，黄云湖，等 . 出口与中国工业企业的生产率——自我选择效应还是出口学习效应？［J］. 数量经济技术经济研究，2011（2）：37-51.

［34］邱立成，赵成真 . 制度环境差异，对外直接投资与风险防范：中国

例证［J］．国际贸易问题，2013（12）：112-122.

［35］荣冬梅，顾海旭，李娜．“一带一路”地区矿产资源竞争形势浅析［J］．当代经济，2015（6）：42-44.

［36］苏多永，张祖国．“四重套利”模型与短期国际资本流动［J］．财经科学，2010（8）：17-24.

［37］苏杭．“一带一路”战略下我国制造业海外转移问题研究［J］．国际贸易，2015（3）：18-21.

［38］孙康，李婷婷．中国石化产业产能过剩测度及预警［J］．财经问题研究，2015（5）：29-34.

［39］孙轶，武常岐．企业并购中的风险控制：专业咨询机构的作用［J］．南开管理评论，2012（4）：4-14.

［40］申现杰，肖金成．国际区域经济合作新形势与我国“一带一路”合作战略［J］．宏观经济研究，2014（11）：30-38.

［41］唐海军．借助“一带一路”实施海外拓荒［J］．中国有色金属，2015（8）：44-45.

［42］唐雪松，周晓苏，马如静．政府干预、GDP 增长与地方国企过度投资［J］．金融研究，2010（8）：33-48.

［43］王碧珺．被误读的官方数据——揭示真实的中国对外直接投资模式［J］．国际经济评论，2013（7）：54-63.

［44］王健朴．我国国有企业对外直接投资特定性风险探析［J］．现代经济探讨，2012（5）：54-58.

［45］王启洋，任荣明．我国企业海外投资的壁垒及其应对策略——基于东道国与企业的利益博弈模型［J］．世界经济研究，2013（10）：55-60.

［46］王曦，陆荣．体制演进、政府介入与投资膨胀：不确定性条件下的

转型期投资模型［J］. 世界经济，2010（11）：3-23.
［47］魏玖长，周磊，赵定涛．基于 BASS 模型的危机信息扩散模式［J］. 系统工程，2011，29（9）：16-22.
［48］吴崇，胡汉辉．不确定性和动态能力互动下企业投资竞争决策［J］. 管理科学，2013（5）：39-54.
［49］谢飞，韩立岩．投机还是实需：国际商品期货价格的影响因素分析［J］. 管理世界，2012（10）：71-82.
［50］徐细雄，刘星．放权改革、薪酬管制与企业高管腐政［J］. 管理世界，2013（3）：119-132.
［51］薛琰如，张海亮．主权财富基金如何进入东道国市场？——基于共容性投资的动态信号博弈分析［J］. 北京理工大学学报（社会科学版），2014（6）：74-77.
［52］阎大颖．制度距离，国际经验与中国企业海外并购的成败问题研究［J］. 南开经济研究，2012（5）：75-97.
［53］杨海洋．中国制造业向海外转移的区位分析［J］. 国际贸易问题，2013（4）：221-138.
［54］阳军，孟卫东，熊维勤．不确定条件下最优投资时机和最优投资规模决策［J］. 系统工程理论与实践，2012（4）：752-759.
［55］余明桂，李文贵，潘红波．管理者过度自信与企业风险承担［J］. 金融研究，2013（1）：149-163.
［56］余琰，罗炜，李怡，等．国有风险投资的投资行为和投资成效［J］. 经济研究，2014（2）：32-46.
［57］宗芳宇，路江涌，武常岐．双边投资协定、制度环境和企业对外直接投资区位选择［J］. 经济研究，2012（51）：7-82.
［58］邹炎，柳海龙，吴冲峰．上海期铜与伦敦期铜的跨市套利及其实证

检验［J］. 系统工程理论方法应用，2004，13（2）：142-146.

［59］张海亮，齐兰，卢曼. 套利动机是否加速了对外直接投资——基于对矿产资源型国有企业的分析［J］. 中国工业经济，2015（2）：135-147.

［60］张华. 我国企业投资海外矿产资源的策略［J］. 中国矿业，2010（10）：28-31.

［61］张腊凤，刘维奇. 中国股票市场资产增长效应——基于套利限制的视角［J］. 系统工程，2014（10）：9-16.

［62］张茉楠. 全面提升“一带一路”战略发展水平［J］. 宏观经济管理，2015（2）：20-24.

［63］张琦. 中国企业对外直接投资风险识别与防范［J］. 国际经济合作，2010（4）：53-56.

［64］周黎安，赵鹰妍，李力雄. 资源错配与政治周期［J］. 金融研究，2013（3）：15-29.

［65］赵然，苏治. 升值预期真的驱动国际游资流入中国了吗——基于四重套利和边限协整模型的新证据［J］. 金融研究，2012（6）：95-109.

［66］赵志刚. “一带一路”金融区域化路径［J］. 中国金融，2015（5）：39-41.

［67］钟琪，戚巍，张乐. Lotka-Volterra 系统下的社会型危机信息扩散模型［J］. 系统工程理论与实践，2012，32（1）：104-110.

［68］朱红军，陈继云，喻立勇. 中央政府、地方政府和国有企业利益分歧下的多重博弈与管制失效［J］. 管理世界，2006（4）：115-129，172.

［69］AIDT T. Corruption，institutions and economic development［J］. Oxford

Review of Economic Policy, 2009 (25): 271-291.

[70] ANTRAS P, HELPMAN E. Global sourcing [J]. Journal of Political Economy, 2004, 112 (3): 552-580.

[71] ANTRAS P. Firms, contracts, and trade structure [J]. Quarterly Journal of Economics, 2003, 118 (4): 1375-1418.

[72] BALDWIN C. Optimal sequential investment when capital is not readily reversible [J]. Journal of Finance, 1982, 37 (3): 763-782.

[73] BALDWIN J R, GORECKI P K. Plant creation versus plant acquisition: The entry process in Canadian manufacturing [J]. International Journal of Industrial Organization, 1987, 5 (1): 27-41.

[74] BARNEY J B, PETERAF M A. Comment on Hashai and Buckley: Transactions costs, capabilities, and corporate advantage considerations in theories of the multinational enterprise [J]. Global Strategy Journal, 2014, 4 (1): 70-73.

[75] BEBCHUK L, FRIED J. Executive compensation as an agency problem [J]. Journal of Economics Perspective, 2003, 17 (3): 71-92.

[76] BEVAN A, ESTRIN S, MEYER K. Foreign investment location and institutional development in transition economies [J]. International Business Review, 2004, 13 (1): 43-64.

[77] BILLETT M T, QIAN Y. Are overconfident CEOs born or made? Evidence of self-attribution bias from frequent acquirers [J]. Management Science, 2008, 54 (6): 1037-1051.

[78] BLANCO L,WOOSTER R, SAWYER W C. Equity commitment under uncertainty: A hierarchical model of real option entry mode choices [J]. Pepperdine university, School of Public Policy Working Papers, 2014.

[79] BOISOT M, MEYER M W. Which way through the open door? Reflections on the internationalization of Chinese firms [J]. Management and Organization Review, 2008, 4 (3): 349-365.

[80] BOUVARD M. Real option financing under asymmetric information [J]. Review of Financial Studies, 2014, 27 (1): 180-210.

[81] BUCKLEY P J, CASSON M C. Models of the multinational enterprise [J]. Journal of International Business Studies, 1998, 29 (1): 21-44.

[82] BUCKLEY P J, CASSON M C. The future of the multinational enterprise [M]. London: Macmillan, 1976.

[83] BUCKLEY P J, CLEGG L J, CROSS A R, et al. The determinants of Chinese outward foreign direct investment [J]. Journal of International Business Studies, 2007, 38 (4): 499-518.

[84] CAMPA J M. Entry by foreign firms in the United States under exchange rate uncertainty [J]. The Review of Economics and Statistics, 1993: 614-622.

[85] CARVALHO P F, GOLDSTEIN A. The making of national giants: Technology and governments shaping the international expansion of oil companies from Brazil and China [R]. United Nations University, Maastricht Economic and Social Research and Training Centre on Innovation and Technology, 2008: 21.

[86] CAVES R E. Industrial organization and new findings on turnover and mobility of firms [J]. Journal of Economic Literature, 1998, 36 (4): 1947-1982.

[87] CAVES R E. International trade and industrial organisation: Problems solved and unsolved [J]. European Economic Review, 1985, 28 (3):

377-395.

[88] CAVES R E. Multinational firms, competition and productivity in host-country markets [J]. Economica, 1974, 41 (162): 176-193.

[89] CHANEY P K, LEWIS C M. Earnings management and firm valuation under asymmetric information [J]. Journal of Corporate Finance, 1995, 1 (3): 319-345.

[90] CHANG E C, CHENG J W, KHORANA A. An examination of herd behavior in equity markets: An international perspective [J]. Journal of Banking & Finance, 2000, 24 (10): 1651-1679.

[91] CHATURVEDI A, ALBEN V M. Safety stock or excess capacity: Trade-offs supply risk [J]. Management Science, 2009 (8): 39-44.

[92] CHEUNG Y W, QIAN X W. The empirics of China's outward direct investment [M]. Munich: CESifo Gmbh, 2008.

[93] CHILD J, RODRIGUES S B. The internationalization of Chinese firms: A case for theoretical extension? [J]. Management and Organization Review, 2005, 1 (3): 381-410.

[94] COLLIS D J, MONTGOMERY C A. Competing on resources [J]. Harvard Business Review, 1995, 73 (4): 118-128.

[95] CUERVO-CAZURRA A, GENC M E. Obligating, pressuring, and supporting dimensions of the environment and the non-market advantages of developing-country multinational companies [J]. Journal of Management Studies, 2011, 48 (2): 441-455.

[96] CUI L, MEYER K E, HU H W. What drives firms' intent to seek strategic assets by foreign direct investment? A study of emerging economy firms [J]. Journal of World Business, 2014, 49 (4): 488-501.

[97] CUYPERS I R P, MARTIN X. What makes and what does not make a real option & quest: A study of equity shares in international joint ventures [J]. Journal of International Business Studies, 2010, 41 (1): 47-69.

[98] DENG P. Chinese outward direct investment research: Theoretical Integration and recommendations [J]. Management and Organization Review, 2013, 9 (3): 513-539.

[99] DI MININ, ZHANG A J, GAMMELTOFT P. Chinese foreign direct investment in R&D in Europe [J]. European Management Journal, 2012, 30 (3): 189-203.

[100] DIXIT A, PINDYCK R S. The option approach to capital investment [J]. Harvard Business Review, 1995 (5-6): 105-115.

[101] DIXIT A. Entry and exit decisions under uncertainty [J]. Journal of Political Economy, 1989, 97 (3): 620-638.

[102] DIXIT A. Investment and employment dynamics in the short run and the long run [J]. Oxford Economic Papers, 1997, 49 (1): 1-20.

[103] DUANMU J L. Firm heterogeneity and location choice of Chinese multinational enterprises [J]. Journal World Business, 2012, 47 (1): 64-72.

[104] DUGGAN F, BANWELL L. Constructing a model of effective information dissemination in a crisis [J]. Information Research, 2004, 9 (3): 178-184.

[105] DUNNING J H, LUNDAN S M. Multinational enterprises and the global economy [M]. Edward Elgar Publishing, 2008.

[106] DUNNING J H. International production and the multinational enterprise [M]. London: George Allen&Unwin, 1981.

[107] DUNNING J H. Trade, location of economic activity and the MNE: A search for an eclectic approach [D]. University of Reading, Dept. of Economics, 1976.

[108] DYBVIG P H, ROSS S A. The new Palgrave: A dictionary of economics [M]. Groves Dictionaries Inc. , 1987.

[109] EBERLY J C, VAN MIEGHEM J A. Multi-factor dynamic investment under uncertainty [J]. Journal of Economic Theory, 1997, 75 (2): 345-387.

[110] FARMER J D. A simple model for the nonequilibrium dynamics and evolution of a financial market [J]. International Journal of Theoretical and Applied Finance, 2000, 3 (3): 425-441.

[111] FRANKLIN S L JR, DIALLO M. Real options and cost-based access pricing [J]. Telecommunications Policy, 2013, 37 (4-5): 321-333.

[112] FRANKLIN S L JR, DIALLO M. Valuing real options for network investment decisions and cost-based access pricing [J]. The Engineering Economist, 2012, 57 (4): 223-246.

[113] GÉCZY C, MINTON B A, SCHRAND C M. The use of multiple risk management strategies: Evidence from the natural gas industry [J]. Journal of Risk, 2006, 8 (3): 19-54.

[114] GESKE R. The valuation of compound options [J]. Journal of Financial Economics , 1979 (7): 63-81.

[115] GONZALEZ-VICENTE R. Mapping Chinese mining investment in Latin America: Politics or market? [J]. The China Quarterly, 2012 (209): 35-58.

[116] GRENADIER S R, WANG N. Investment timing, agency, and informa-

tion [J]. Journal of Financial Economics, 2005, 75 (3): 493-533.

[117] GRENADIER S R. The strategic exercise of options: Development Cascades and overbuilding in real estate markets [J]. Journal of Finance, 1996, 51 (5): 1653-1679.

[118] GUGLER P, BOIE B. The emergence of Chinese FDI: Determinants and strategies of Chinese MNEs [C]. Copenhagen Business School, Copenhagen, 2008.

[119] HALL P A, GINGERICH D W. Varieties of capitalism and institutional complementarities in the political economy: An empirical analysis [J]. British Journal of Political Science, 2009, 39 (3): 449-482.

[120] HALL P A, SOSKICE D. Varieties of capitalism: The institutional foundations of comparative advantage [M]. Oxford: Oxford University Press, 2001.

[121] HAYES R H, GARVIN D A. Managing as if tomorrow mattered [J]. Harvard Business Review, 1982, 60 (3): 77-79.

[122] HELPMAN E, KRUGMAN P R. Market structure and foreign trade: Increasing returns, imperfect competition and the international economy [M]. Cambridge: MIT Press, 1985.

[123] HENISZ W J. The institutional environment for multinational investment [J]. Journal of Law, Economics, and Organization, 2000, 16 (2): 334-364.

[124] HENNART J F, PARK Y R. Greenfield vs. acquisition: The strategy of Japanese investors in the United States [J]. Management Science, 1993, 39 (2): 1054-1070.

[125] HUANG W. Empirical study on arbitrage opportunities in China copper

futures market [J]. Journal of South West Jiao Tong University: English Edition, 2007, 15 (4): 331-337.

[126] HUANG Y, WANG B. Chinese outward direct investment: Is there a China model? [J]. China & World Economy, 2011, 19 (4): 1-21.

[127] HYMER S H. The international operations of national firms: A study of direct foreign investment [M]. Cambridge: M. I. T. Press, 1976.

[128] JENSEN M C, MECKLING W. Theory of the firm: Managerial behavior, agency costs and ownership structure [J]. Journal of Financial Economics, 1976, 3 (4): 303-431.

[129] JENSEN M C. Foundations of organizational strategy [M]. Cambridge: Harvard University Press, 1998.

[130] JORGENSON D W. Capital theory and investment behavior [J]. American Economic Review, 1963, 53 (2): 47-59.

[131] KANG Y, JIANG F. FDI location choice of Chinese multinationals in east and southeast Asia: Traditional economic factors and institutional perspective [J]. Journal Of World Business, 2012, 47 (1): 45-53.

[132] KELLER E, BERRY J. The influentials: One American in ten tells the other nine how to vote, where to eat and what to buy [M]. New York: Free Press, 2003.

[133] KOJIMA K. Direct foreign investment: A Japanese model of multinational business operations [M]. Croom Helm, 1978.

[134] KNICKERBOCKER. Oligopolistic reaction and the multinational enterprise [D]. Boston: Harvard University, 1973.

[135] KOGUT B, KULATILAKA N. Operating flexibility, global manufacturing and the option value of a multinational network [J]. Management

Science, 1994, 40 (1): 123-139.

[136] KOLSTAD I, WIIG A. What determines Chinese outward FDI? [J]. Journal of World Business, 2012, 47 (1): 26-34.

[137] KWOK C, TADESSE S. The MNC as an agent of change for host-country institutions: FDI and corruption [J]. Journal of International Business Studies, 2006 (37): 767-785.

[138] LAM F Y E C, WEI K C J. Limits to arbitrage, investment frictions, and the asset growth anomaly [J]. Journal of Financial Economics, 2011, 102 (2): 127-149.

[139] LEE S H, MAKHIJA M. The effect of domestic uncertainty on the real options value of international investments [J]. Journal of International Business Studies, 2009, 40 (3): 405-420.

[140] LI J, LI Y. Flexibility versus commitment: MNEs' ownership strategy in China [J]. Journal of International Business Studies, 2010, 41 (9): 1550-1571.

[141] LI J, RUGMAN A M. Real options and the theory of foreign direct investment [J]. International Business Review, 2007, 16 (6): 687-712.

[142] LIPSON M. MORTAL S, SCHILL M J. On the scope and driver of the asset growth effect [J]. The Journal of Quantitative Analysis, 2011, 46 (6): 1651-1682.

[143] LUO Y. An organizational perspective of corruption [J]. Management and Organization Review, 2005 (1): 119-154.

[144] MARKS M L, MIRVIS P H. Merge ahead: A research agenda to increase merger and acquisition success [J]. Journal of Business and

Psychology, 2011, 26 (2): 161-168.

[145] MCDONALD R, SIEGEL D. The value of waiting to invest [J]. The Quarterly Journal of Economics, 1986, 101 (4): 707-727.

[146] MCKAY H, SONG L. China as a global manufacturing powerhouse: Strategic considerations and structural adjustment [J]. China & World Economy, 2010, 18 (1): 1-32.

[147] MELITZ M J. The impact of trade on intra-industry reallocations and aggregate industry productivity [J]. Econometrica, 2003, 71 (6): 1695-1725.

[148] MITCHELL M L, MULHERIN J H. The impact of industry shocks on takeover and restructuring activity [J]. Journal of Financial Economics, 1996, 41 (2): 193-229.

[149] MORCK R, BERNARD Y, MINYUAN Z. Perspectives on China's outward foreign direct investment [J]. Journal of International Business Studies, 2008 (39): 337-350.

[150] MOUSA I A. Country risk and political risk in foreign direct investment: Theory, evidence and practice [M]. Houndmills: Palgrave Macmillan, 2002.

[151] MUELLER D C. A theory of conglomerate mergers [J]. Quarterly Journal of Economics, 1969, 83 (4): 643-59.

[152] MYERS S C. Determinants of corporate borrowing [J]. Journal of financial economics, 1977, 5 (2): 147-175.

[153] PAWLINA G, KORT P M. Real options in an asymmetric duopoly: Who benefits from your competitive disadvantage? [J]. Journal of Economics & Management Strategy, 2006, 15 (1): 1-35.

[154] PENG M W. Towards an institution-based view of business strategy [J]. Asia Pacific Journal of Management, 2002, 19 (2): 251-267.

[155] QUER D, CLAVER E, RIENDA L. Political risk, cultural distance, and outward foreign direct investment: Empirical evidence from large Chinese firms [J]. Asia Pacific Journal of Management, 2012, 29 (4): 1089-1104.

[156] RAMASAMY B, YEUNG M, LAFORET S. China's outward foreign direct investment: Location choice and firm ownership [J]. Journal of World Business, 2012, 47 (1): 17-25.

[157] RESTUCCIA D, ROGERSON R. Policy distortions and aggregate productivity with heterogeneous establishments [J]. Review of Economic Dynamics, 2008, 11 (4): 707-720.

[158] ROBERTS K, WEITZMAN M L. Funding criteria for research, development, and exploration projects [J]. Econometric, 1981, 49 (5): 1261-1288.

[159] ROGERS E M. Diffusion of innovations [M]. New York: Free Press, 1995.

[160] ROLL R. The Hubris hypothesis of corporate takeovers [J]. Journal of Business, 1986, 59 (59): 197-216.

[161] ROSS S A. The arbitrage theory of capital asset pricing [J]. Journal of Economic Theory, 1976 (13): 341-360.

[162] RUGMAN A M, Li J. Will China's multinationals succeed globally or regionally [J]. European Management Journal, 2007, 25 (5): 333-343.

[163] RUGMAN A M . International diversification and the multinational

enterprise [M]. Lexington: Lexington Books, 1979.

[164] SAITO K, KIMURA M, OHARA K, et al. Selecting information diffusion models over social networks for behavioral analysis: Machine learning and knowledge discovery in databases [C]. Barcelona: Springer, 2010: 180-195.

[165] SAUVANT K P, MASCHEK W A, MCALLISTER G. Foreign direct Investment by emerging market multinational enterprises, the impact of the financial crisis and recession and challenges ahead [C]. OECD Global Forum on International Investment, 2009.

[166] SHARPE W F, ALEXANDER G. Investments [M]. 4th edition. Englewood Cliffs: Prentice Hall, 1990.

[167] SHLEIFER A, VISHNY R. Value maximization and the acquisition process [J]. Journal of Economic Perspectives, 1988, 2 (1): 7-20.

[168] SONG L, YANG J, ZHANG Y. State-owned enterprises' outward investment and the structural reform in China [J]. China & World Economy, 2011, 19 (4): 38-53.

[169] TOBIN J. A proposal for international monetary reform [J]. Eastern Economic Journal, 1978, 4 (3-4): 153-159.

[170] TRIGEORGIS L. A conceptual options framework for capital budgeting [J]. Advances in Futures and Options Research, 1988, 3 (3): 145-167.

[171] TSUI A S, SCHOONHOVEN C B, MEYER M W, et al. Organization and management in the midst of societal transformation: The People's Republic of China [J]. Organization Science, 2004, 15 (2): 133-144.

[172] VALENTE T W. Network models of the diffusion of innovations [M].

Cresskill: Hampton Press, 1995.

[173] VAN DEN STEEN E. Disagreement and the allocation of control [J]. Journal of Low, Economics and Organization, 2010, 26: 385-426.

[174] VERNON R. International investment and international trade in the product cycle [J]. Quarterly Journal of Economies, 1966, 80 (2): 190-207.

[175] VILLANI G. An R&D investment game under uncertainty in real option analysis [J]. Computational Economics, 2008, 32 (1-2): 199-219.

[176] VOSS H, BUCKLEY P J, CROSS A R. The impact of home country institutional effects on the internationalization strategy of Chinese firms [J]. Multinational Business Review, 2010, 18 (3): 25-48.

[177] WEBER R A, CAMERER C F. Cultural conflict and merger failure: An experimental approach [J]. Management Science, 2003, 49 (4): 400-415.

[178] WIRTH H, KUBACKI K, NAPIERA A K. Value creation of a mining company through international expansion [J]. Mineral Economics, 2013, 25 (2-3): 71-76.

[179] WITT M, LEWIN A Y. Outward foreign direct investment as escape response to home country institutional constraints [J]. Journal of International Business Studies, 2007 (38): 579-594.

[180] WORKING H. The theory of the price of storage [J]. American Economic Review, 1949, 39 (6): 1254-1262.

[181] YIP G S. Barriers to entry: A corporate-strategy perspective [M]. Lexington Books, 1983.

附录一

附表　中国矿产资源型国有企业对外直接投资情况

<table>
<tr><th rowspan="2">年份</th><th rowspan="2">项目数/个</th><th rowspan="2">未披露金额项目数/个</th><th colspan="3">投资金额分布</th><th colspan="2">投资品种分布</th><th colspan="2">投资区域分布</th><th colspan="2">投资主体分布</th></tr>
<tr><th>分布/美元</th><th>项目数/个</th><th>总金额/亿美元</th><th>品种</th><th>项目数/个</th><th>区域</th><th>项目数/个</th><th>主体</th><th>项目数/个</th></tr>
<tr><td rowspan="2">2001</td><td rowspan="2">2</td><td rowspan="2">2</td><td colspan="3" rowspan="2">—</td><td rowspan="2">钢铁</td><td rowspan="2">2</td><td>欧洲</td><td>1</td><td rowspan="2">央企</td><td rowspan="2">2</td></tr>
<tr><td>大洋洲</td><td>1</td></tr>
<tr><td rowspan="3">2002</td><td rowspan="3">6</td><td rowspan="3">4</td><td>5亿~10亿</td><td>1</td><td rowspan="3">6.17</td><td rowspan="3">能源</td><td rowspan="3">6</td><td>北美洲</td><td>1</td><td rowspan="3">央企</td><td rowspan="3">6</td></tr>
<tr><td rowspan="2">1亿以下</td><td rowspan="2">1</td><td>亚洲</td><td>4</td></tr>
<tr><td>欧洲</td><td>1</td></tr>
<tr><td rowspan="4">2003</td><td rowspan="4">7</td><td rowspan="4">5</td><td>1亿~5亿</td><td>1</td><td rowspan="4">2.4</td><td>能源</td><td>4</td><td>亚洲</td><td>4</td><td>央企</td><td>6</td></tr>
<tr><td rowspan="3">1亿以下</td><td rowspan="3">1</td><td>铝</td><td>2</td><td>欧洲</td><td>1</td><td>地方国企</td><td>1</td></tr>
<tr><td rowspan="2">钼</td><td rowspan="2">1</td><td>北美洲</td><td>1</td><td rowspan="2">民企</td><td rowspan="2">0</td></tr>
<tr><td>英属维尔京群岛</td><td>1</td></tr>
<tr><td rowspan="6">2004</td><td rowspan="6">13</td><td rowspan="6">7</td><td rowspan="3">1亿~5亿</td><td rowspan="3">1</td><td rowspan="6">1.89</td><td>能源</td><td>8</td><td>欧洲</td><td>4</td><td>央企</td><td>10</td></tr>
<tr><td>铜</td><td>1</td><td>亚洲</td><td>2</td><td>地方国企</td><td>3</td></tr>
<tr><td>铝</td><td>3</td><td>北美洲</td><td>3</td><td rowspan="4">民企</td><td rowspan="4">0</td></tr>
<tr><td rowspan="3">1亿以下</td><td rowspan="3">5</td><td rowspan="3">铁</td><td rowspan="3">1</td><td>拉丁美洲</td><td>2</td></tr>
<tr><td>大洋洲</td><td>1</td></tr>
<tr><td>百慕大群岛</td><td>1</td></tr>
</table>

续表

年份	项目数/个	未披露金额项目数/个	投资金额分布			投资品种分布		投资区域分布		投资主体分布	
			分布/美元	项目数/个	总金额/亿美元	品种	项目数/个	区域	项目数/个	主体	项目数/个
2005	15	6	50亿~100亿	2	96.01	能源	10	北美	2	央企	12
			1亿~5亿	2		铁	1	拉丁美洲	2	地方国企	3
			1亿以下	5		有色金属	1	非洲	2	民企	0
						镍	3	维尔京群岛、开曼群岛	2		
								欧洲	3		
								亚洲	4		
2006	18	7	10亿~50亿	2	61.03	能源	8	欧洲	3	央企	8
			1亿~5亿	2		铁	3	大洋洲	2	地方国企	7
			1亿以下	7		铝	2	亚洲	6	民企	3
						铜	1	非洲	1		
						铬	1	拉丁美洲	3		
						金、铜、镍	1	北美洲	2		
						有色金属	2	英属维尔京群岛	1		

续表

年份	项目数/个	未披露金额项目数/个	投资金额分布			投资品种分布		投资区域分布		投资主体分布	
			分布/美元	项目数/个	总金额/亿美元	品种	项目数/个	区域	项目数/个	主体	项目数/个
2007	29	2	10亿~50亿	3	94.46	能源	11	大洋洲	3	央企	12
			5亿~10亿	1		钢铁	4	北美洲	6	地方国企	13
			1亿~5亿	4		铝	4	亚洲	11	民企	4
			1亿以下	19		铜	2	非洲	3		
						镍	4	拉丁美洲	2		
						金	2	英属维尔京群岛、百慕大	4		
						锡	1				
						金、铜	1				
2008	52	9	100亿以上	1	266.51	能源	25	亚洲	6	央企	24
			50亿~100亿	1		钢铁	9	非洲	2	地方国企	18
			10亿~50亿	2		铝	1	大洋洲	19	民企	10
			5亿~10亿	3		金	4	南美洲	5		
			1亿~5亿	8		铜	1	欧洲	11		
			1亿以下	28		镍	3	北美洲	6		
						钨	2	开曼、英属维尔京群岛	3		
						铬	0				
						锰	1				
						（铅）锌	2				
						金、铜	1				
						有色金属	3				

续表

年份	项目数/个	未披露金额项目数/个	投资金额分布			投资品种分布		投资区域分布		投资主体分布	
			分布/美元	项目数/个	总金额/亿美元	品种	项目数/个	区域	项目数/个	主体	项目数/个
2009	71	7	50亿~100亿	3	377.14	能源	23	大洋洲	27	央企	43
			10亿~50亿	8		钢铁	20	拉丁美洲	4	地方国企	18
			5亿~10亿	5		铝	3	欧洲	6	民企	10
			1亿~5亿	18		金	4	百慕大群岛、维尔京群岛、开曼群岛	7		
			1亿以下	30		金、铜	1	亚洲	12		
						金、铜、镍	1	北美洲	14		
						铜	1	非洲	1		
						镍	7				
						稀土	2				
						锡	2				
						锑	3				
						（铅）锌	2				
						有色金属	2				

续表

年份	项目数/个	未披露金额项目数/个	投资金额分布			投资品种分布		投资区域分布		投资主体分布	
			分布/美元	项目数/个	总金额/亿美元	品种	项目数/个	区域	项目数/个	主体	项目数/个
2010	43	11	50亿~100亿	2	233.42	能源	16	亚洲	9	央企	22
			10亿~50亿	4		钢铁	13	拉丁美洲	8	地方国企	13
			1亿~5亿	7		铝	3	大洋洲	7	民企	8
			1亿以下	19		铜	1	欧洲	1		
						金	4	北美洲	8		
						镍	1	非洲	4		
						锌	2	百慕大、维尔京群岛	6		
						钛	1				
						有色金属	2				
2011	46	8	10亿~50亿	8	245.97	能源	21	大洋洲	15	央企	28
			5亿~10亿	6		铁	10	拉丁美洲	4	地方国企	14
			1亿~5亿	4		金	6	欧洲	7	民企	4
			1亿以下	20		金、铜	1	亚洲	7		
						锌	3	百慕大群岛、开曼群岛	2		
						镍	2	北美洲	9		
						锂	1	非洲	2		
						有色金属	2				

续表

年份	项目数/个	未披露金额项目数/个	投资金额分布			投资品种分布		投资区域分布		投资主体分布	
			分布/美元	项目数/个	总金额/亿美元	品种	项目数/个	区域	项目数/个	主体	项目数/个
2012	45	5	100亿以上	1	338.8	铁	10	大洋洲	12	央企	20
			10亿~50亿	10		能源	17	南美	2	地方国企	18
			5亿~10亿	2		金	9	百慕大、维尔京群岛	3	民企	7
			1亿~5亿	5		铝	1	欧洲	8		
			1亿以下	22		铜	2	亚洲	6		
						锂	1	北美洲	12		
						铂	1	非洲	2		
						镁	1				
						锌	1				
						有色金属	2				
2013	54	4	50亿~100亿	1	320.33	钢铁	11	非洲	4	央企	23
			10亿~50亿	6		能源	21	大洋洲	15	地方国企	14
			5亿~10亿	6		金	5	拉丁美洲	6	民企	17
			1亿~5亿	5		金、铜	1	欧洲	8		
			1亿以下	32		锂	2	亚洲	15		
						铜	3	北美洲	6		
						锡	2	维尔京群岛	0		
						钼	2				
						有色金属	5				
						锌	1				
						稀土	1				

续表

年份	项目数/个	未披露金额项目数/个	投资金额分布			投资品种分布		投资区域分布		投资主体分布	
			分布/美元	项目数/个	总金额/亿美元	品种	项目数/个	区域	项目数/个	主体	项目数/个
2014	56	1	50亿~100亿	1	193.33	铁	11	拉丁美洲	5	央企	19
			10亿~50亿	4		铝	2	欧洲	12	地方国企	18
			5亿~10亿	6		能源	25	大洋洲	10	民企	19
			1亿~5亿	9		金	6	百慕大、维尔京群岛	8		
			1亿以下	35		金、铜	1	非洲	2		
						锂	5	北美	10		
						铜	1	亚洲	9		
						铂	1				
						稀土	1				
						钨	1				
						铅、锌	1				
						有色金属	1				

附录二

假设变量 x 服从以下伊藤过程

$$dx = a(x,\ t)\,dt + b(x,\ t)\,dz \tag{1}$$

其中 dz 是一个维纳过程，a 和 b 是 x 和 t 的函数。变量 $dx = a(x,t)\,dt+b(x,t)\,dz$ 的漂移率为 a，方差率为 b_2。伊藤定理说明 x 和 t 的函数 G 遵循以下过程

$$dG = \left(\frac{\partial G}{\partial x}a + \frac{\partial G}{\partial t} + \frac{1}{2}\frac{\partial^2 G}{\partial x^2}b^2\right)dt + \frac{\partial G}{\partial S}b\,dz \tag{2}$$

其中 dz 是与式（1）同样的维纳过程。因此，G 也遵循伊藤过程，其漂移率为

$$\frac{\partial G}{\partial x}a + \frac{\partial G}{\partial t} + \frac{1}{2}\frac{\partial^2 G}{\partial x^2}b^2$$

方差率为

$$\frac{\partial^2 G}{\partial x^2}b^2$$

已得出

$$dS = \mu S\,dt + \sigma S\,dz \tag{3}$$

μ 和 σ 为常数。由伊藤引理，S 和 t 的函数 G 遵循以下过程

$$dG = \left(\frac{\partial G}{\partial S}\mu S + \frac{\partial G}{\partial t} + \frac{1}{2}\frac{\partial^2 G}{\partial S^2}\sigma^2 S^2\right)dt + \frac{\partial G}{\partial S}\sigma S\,dz \tag{4}$$

后　记

本书是基于我的博士学位论文修改完善而成的。在博士论文的写作过程中，矿产资源型国有企业投资集中程度较高，尤其是区域集聚性问题，面临相对较大的阻碍和挑战，其投资区域的决策显得十分扎眼，套利动机固然是重要的驱动因素，但似乎还有其他因素影响了其投资行为。对这一问题，我进行了进一步深入的思考，恰好期间接触到了演化学的相关知识，参阅了信息扩散的相关文献。于是，形成了本书的第 7 章演化视角下投资企业投资行为的分析，对原博士论文有了进一步的拓展和延伸。

在著作完成之际不禁又回想起漫漫读博之路。2011 年我考入昆明理工大学管理与经济学院进行硕士阶段的学习。2012 年，我顺利通过硕博连读选拔考试，开始了为期四年的博士学习生涯。读博的压力是巨大的，但回想起来，告别当初的不安与忐忑，如今更多的是成长与沉淀。博士的修炼之路虽然艰辛，但也能带给人莫大的满足。满怀勇气和坚持，不退缩不放弃，在学习和研究的这几年，我得到了磨炼，在学术研究水平上有了明显的进步，这与我的良师益友有莫大的关系。这里要再次感谢我的导师邹平教授，在繁忙的工作中从未放松对我论文质量的要求和指导，渊博的学识和严谨的治学态度一直感染着我，给了我莫大的帮助和鼓舞，使我受益匪浅。

读博期间我加入张海亮教授的科研团队，他也成为直接指导我的校内导师，非常有幸在博士阶段伊始就参与了张教授主持的国家社科基金项目的研究和结题工作，随后又在张教授的带领下，作为课题组主要成员参与了国家自然科学基金项目的申报和研究工作。也正是在张教授的指导下，我才得以真正走上学术研究之路，并逐渐形成学术思维，甚至可以在一些课题研究中独当一面。课题研究及论文写作的经历和积累也成为我如今独立开展科研工作的重要基础。作为张海亮教授主持的国家自然科学基金项目“套利动机下矿产资源型国企对外投资错配与监管研究”的课题组成员，我的博士论文依托该课题的研究框架、思路及成果开展，并成为该课题阶段性成果之一。在读博的四年中，张教授对学术研究的严谨和近乎苛刻的自我管理，对我的严格要求以及指导帮助，令我敬佩，也对我影响很深，再次对张海亮教授表示最诚挚的感谢！

同时，也要感谢林亚希、卢曼、和悦、汤兆博、叶群等课题组的同门在学习和研究上的建议与协助，激发了我写作的灵感和思路；感谢大家在生活中对我的帮助和关怀，特别是在读博的最后阶段，我受伤行动不便，和悦师妹对我无微不至的照顾让我在异乡感受到了家的温暖。感谢你们与我一起度过了这美好的时光！

深深感谢我的父母一如既往地无私奉献和支持、包容与厚爱，正因为有着强有力的后盾我才能够在艰辛的读博路上坚持向前。而在著书过程中，我也完成了人生的重大转变，深深感谢我的爱人和双方老人的理解和支持、鼓励和关爱，更要感谢我的女儿姚一丹健康快乐成长，给了我无穷的动力和勇气。

值此书出版之际，还要感谢中国经济出版社的责任编辑耿园女士和其他同志，他们细致、高效的工作保证了本书的顺利出版。

在此一并致谢给予我支持、鼓励、鞭策的诸位师长、朋友、同事、同行！

此书完成于抗击新冠肺炎疫情之际，愿此书正式出版之时，我们“抗疫”胜利，重迎阳光明媚的世界、惬意舒展的生活。愿大家一切安好！

薛琰如